台灣人的價値觀

黃文雄 著

自序

黃文雄

早年我剛到日本求學的時候，經常會感到台灣人和日本人之間價值觀的不同，有時甚至是各具完全迴異的價值觀。還好，在我的精神生活上，這尚未構成巨大的文化摩擦。

自一九六四年，我決心參與台灣人的反體制運動以後，由於不斷的寫作，引導並培育了我如何從最根源的、窮極的思考方法或哲學的領域中去探求、觀察台灣人所面臨的現實問題。

隨著台灣意識的高揚，筆者終於發現，以往對人類共有的、普遍的、永遠的、絕對的價值之探求，無疑是面對永恒的與無限的挑戰，並無法腳踏實地來面對台灣現實的問題。後來，台灣人是什麼、台灣人在想什麼、台灣人的歷史課題是什麼，以及在六〇年代的反體制運動中，應如何來了解並認識台灣人的本質，成爲筆者探求台灣人價值觀的動機，也成爲筆者自我發現，並從普遍的價值轉向探求特殊價值的起點。

本書對「台灣人價值觀」的闡述不從體系性的分析著手，而以個別性的價值意識作爲分析對象，主要是因爲台灣人的價值意識受到歷史條件與地理條件的限制及外來的影響，變動性極大，作體系性的分析有困難，並且已超出筆者知識能力範圍。

筆者對各章節的命題，皆冠之以「××學」，並非筆者存心舞文弄墨，虛幌學術性，或有意以自虐性的文詞來譏諷世俗，誠因本書每一章節都內涵著非常巨大的價值問題，因此不得不以「××學」來突出其學術領域上的重要性，並且留下今後繼續探究的「學術性」空間。因此，「姦您娘的比較語言學」、「雨夜花的精神現象學」等等命題大都歷經思索推敲，實在用心良苦。又比如「生死」、「人情義理」等等問題，不但是社會學、宗教學、哲學、心理學、文學、醫學、精神分析學等等學術領域的主要論題，也是人類的精神文化上尚待探究的巨大課題之一。雖然有關這方面的各種學術性專著已不計其數。

筆者特以「學」爲題，旨在提供對台灣人價值觀有興趣的青年學子，今後對台灣人價值觀的認識，能做更深入的探求而舖路。因此，基本上本書乃屬「序說」或「引言」。

當然，台灣人的價值觀是台灣文化的歷史產物。因此台灣人的價值觀也不得不經常隨著台灣文化的變化而有所改變，更隨著台灣社會結構的變動而易動。特別是台灣經濟結構的遽變，也必然帶動台灣人價值觀的激盪。比如從樸素、勤勞、節儉的習慣轉化爲花天酒地之風，乃是最近有目共睹的社會價值意識的巨大變貌。

至於要如何更具體指出價值的變化，我想在島內能親眼目睹台灣社會諸現象的國內讀者，比起一直被拒於國門之外三十年的筆者而言，可能更有臨場的觀察心得。這一點也正是筆者分析台灣人價值意識所面臨的限界。

由於本書僅能從「普遍性的」價值觀去接近「特殊性的」台灣人價值觀，因此不得不從文化相對主義的立場來敍述台灣人的價值觀，以供讀者諸君參考。

最後要說的是，本書內容大半是在一九六九年，筆者應當時《台生報》主編邱勝宗兄之約，連續以日文撰寫了二十二期，其餘部分章節則是在最近期間增補完成，並由筆者自譯成漢文在故鄉台灣出版，敬請讀者不吝指教。

一九九二年十二月於

日本茨城縣牛久市自宅

目次

第1講　「姦您娘」的比較語言學

●姦你娘的言語論

記得是一九六四年的年初，繼羅勃・甘乃迪來校講演後，過了不久，蘇聯的米高揚副總理也接著來學校講演。當時的講演會是由早稻田大學蘇聯研究會的學生主辦。這天中午，文學部旁邊的大講堂坐滿了學生，會場充滿了熱絡的氣氛，筆者也湊上了熱鬧。

當米高揚副總理講到「美帝發明了核子武器，嚴重的威脅到全人類的安全。可是我們的科學家，為了要對付美帝的獨占核子武器，我們也開發了新型的核子武器，而且比他們的更大，更烈……。」

當米高揚副總理得意洋洋的講到核子武器時，坐在二樓左邊的一位學生突然發出一聲巨

吼：「馬鹿野郎！お前は何を言ってソるんだ！」(Bakayaro! Omae wa nanio ihterun·da!)

如果譯成台灣話應該是「姦您娘！你是得講什麼猶話」(Gan lin nia! li shi di kon shia mi shiau wue)。北京語可能是「chau你媽的，你在說什麼鬼話」。

米高揚副總理一時被打斷了話題，經過翻譯一陣交頭接耳以後，才繼續他的演講。會後那聲「Bakayaro」的餘音一直繞耳不絕。

在日本二十幾年中，很少看到有人吵架或打架，頂多好幾年才偶然的在夜間的街頭巷尾，欣賞到由醉客上演的鐵公雞。罵人雖然時有所聞，可是詞彙極爲單調，並沒有台灣話那麼繁雜而刺耳。戰前戰中常用的美英「鬼畜」、「清國奴」已無人使用。「清國奴」一語連字典都找不到了。「馬鹿——baka」、「阿呆——aho」(憨人)、「氣違——kichigai」(猶人)、「畜生——chikushio」……這些罵話的同義詞在台灣語中應有盡有，而且僅是表示「非常人」或「非人」性格的用語而已，缺乏否定品性或冒瀆倫理道德的用語。

日語這一性格同馬來語的罵話大同小異。馬來語中比較常用的罵話有：binatang——畜牲，gila——神經病，chilaka或kurang ajar——沒教養，biadap——沒福氣，saitan——魔鬼，kan mati——愛死，pukima——女性器。這些罵話同日語的共同點就是在文法構結上，皆不使用動詞，如台語的「姦」。所以在言語叫罵的戰場上，較缺乏強烈的攻擊力。在民族語言的世界中，可同台語的「姦您娘」一語威力相較量的首推土耳其語的 anani sikeyim或seninanani sikerim。但有一點同「姦您娘」不同的是在文法上是屬於「現在進行式」。

日本人同土耳其人在語言上雖同屬於阿爾泰語系民族，但可能是由於農耕民族與遊牧民族生活方式不同的關係，在語言上沒有土耳其語來得那麼刺耳又強而有力。所以最常用的罵話還是以「馬鹿野郎」爲主。

戰後日本的名首相吉田茂在一怒解散國會時，曾在神聖的國會議堂上留下了一句歷史名言，也就是那有名的「馬鹿野郎！解散」。吉田茂是位個性倔強而又富人情味的戰後日本歷史巨人，他任性、激情的作風，經常成爲新聞記者爭逐採訪、諷刺揶揄的對象；連那次國會的事情，都被打趣稱爲「馬鹿野郎，解放國會」。可是吉田茂首相並不因此而被日本國民看成卑野下賤，反而給人留下剛直的印象，經常帶給死板的國會笑聲與熱浪。

●姦您娘的語彙論

戰前到過台灣的日本人，常被那繁多而又充沛的罵人語彙所震驚。曾經在台灣總督府警務局服務過的山根勇藏氏，在其遺著《台灣民族性百談》（一九三〇年初版）一書中，曾稱讚台灣罵話之多堪稱世界無敵。

山根氏所收錄的罵話語彙以台北及其近郊爲範圍，光是泉州音就達五四一句。這五四一句被山根氏類別爲㈠男性對男性（計三三四語），㈡女性對女性（計二十六語），㈢男性對女性（計三十九語），㈣女性對男性（計六十五語），㈤對一般人（計三十五語），㈥對特殊台灣人（計二十語），㈦對內地日本人（計二十二語）。

男子漢大丈夫可能比較精力充沛，所以唇槍舌戰的精良武器達三三四種，而且幾乎脫離不了有關「性」的用語。這可能是由於「食、色」不但是人的兩大本能，而且也沒有任何事物比「性」更富有「生產性」的關係。

孫子兵法的精華，以攻心爲上，當然罵人也以一語一氣擊中敵人心中要害爲上乘。儒教文化圈皆以孝爲先，所以攻其所尊，擊其所親，乃不失爲制勝之道。尊親之中以父母爲首，所以「姦您娘」與「姦您娘奶」遂成爲唇槍舌戰必備之最基本兵器。

若基本兵器無法擊退頑敵時，才再度使用更強烈刺耳的「姦您娘chi bai」，或更起雞母皮的「姦您娘chi bai shim」追殺一陣直搗五臟六腑。可是一到了混戰的場面或無法速戰速決而陷入長久戰時，上自伯叔母、祖公祖媽一一列名指罵；或擴大至三代、十三代、百外代、千外代也成爲「姦」的對象。有時除尊親以外旁及姊妹、媳婦，甚至四鄰亦難逃池魚之殃。最後甚至發展到「姦您太上皇」或「玉皇上帝」。玉皇上帝雖爲主宰萬物的最高天神，事實上一到混戰局面時，勇敢的台灣男子漢已不再怕「逆天」或鬼神的作祟，不顧一切奮勇直前。

山根氏感佩台灣人不怕天誅地滅的「罵戰」氣魄，而稱讚這些不怕鬼神的戰士說：「台灣民族精力絕倫，豪勇舉世無雙。」

山根氏也指出，在罵戰中所使用的動詞不僅有「姦」(Gan)，還有檻(Ko)，錯(Cho)，突(Du)，跨(Kia)，⿺毛冓(Pu)，覆(Pi)，掠(Lia)八語。其中按筆者推想Pu可能是汕頭語。若不夠用，還可以向福州語的Sa或未被列入的Sai討救兵。八類常用動詞若乘上「姦」的對象自「您娘」至「您太上皇」的三十五語賓詞，可運用自如的演繹成三〇五句的罵話。男性對男性罵話三三四句中減去三〇五所剩下的二十九句，也幾乎都是有關性的罵話。當然不止對人、對家畜，特別對飼主貢獻勞力最多的牛馬，也經常被罵得牛頭不對馬嘴。

可是除了男人的罵戰以外，幾乎都不使用「姦」或其他同類語動詞來攻擊敵手。女性口舌的攻戰，皆以可恥的形容詞如「破」、「赤」、「癢」、「臭」為武器，向敵人最富生產性的恥部進擊，以突破一般對性器的崇拜。在女權運動尚未興起的時代，女性經常處於被動的地位，所以使用主動性的動詞來對付男性，當然不容易得到旁聽者的讚賞；則不得不另外殺出一條血路，以人生最大的禁忌——「死」作為戰略性重點目標，陸續地開發了「死半路」、「死路旁」、「好死不死」、「膨肚短命」、「夭壽」、「死無人哭」、「豬喫狗哺」等六十六種新兵器來對付不識相的男性。

●姦您娘的文化論

《水滸傳》中的罵話常出現「鳥」、「鳥人」、「鳥官人」、「鳥頭陀」。《金瓶梅》中對男人用老豬狗、賊老狗、賊猴兒、天殺的。對女人用淫婦、賊淫婦、潑賊淫婦、淫婦奴才，或用王八、忘八。《警世直言》與《醒世警言》中，常出現天殺的、賊賤才、賤人、奴狗才、奴狗、狗才、狗婦、畜牲、淫婦娼根、你娘漢、老忘八、烏龜。按明代郎瑛的《七修類稿》，指「忘八」本意爲忘記「孝弟忠信禮義廉恥」八德之意。但是爲何會演繹成王八、烏龜、王八蛋，那就不得而知。這些罵話在語言結構上，雖免不了仍以被禁忌的「性」爲中心，可是在類似語的語言結構分析比較上，與台灣式罵話有很明顯的不同。這可能是由於文化背景不同之故。

魯迅曾稱中國的罵話「博大精微」，以攻擊直系尊屬的品行爲重點，上自祖宗、旁及姊妹，下至子孫，波及同姓。如果「牡丹」是中國的「國花」，「他媽的」可以說是「國罵」。

譬喩的，拐彎抹角的外來語「他媽的」有時侵入台灣的語言世界，可是並沒有取代單刀直入的「姦您娘」，因爲罵話本身是極富有民族色彩與風土意識的。以前台灣人常罵舊殖民地時代的日本人「臭狗仔」、「四脚仔」，可是因爲被外來的、新的殖民地統治集團的「豬仔」、

「咬柑仔的」、「阿山仔」所取代而漸趨消失。可見罵話本身有其時代性，且能喚起強烈的民族意識，更經常隨著民族意識的高揚而創造出更豐富的語彙。至於爲什麼特殊的台灣人會變成「三脚的」或「半山的」，可能是因爲一般社會觀念對這些人的評價問題。雖然如此，但很少聽到有如最近台灣公論報社與國民黨在美國法院打起「四脚仔官司」那樣，爲了少一隻或多了一隻脚，而打起官司的。

罵人或罵戰本來是人類的文明在同一語族中爲了調整內部的對立或糾葛，所創造出的最富理性又文雅的解決紛爭的手段之一。最起碼唇槍舌戰比大打出手或訴諸戰爭，更文雅，更接近和平手段。人類絕不是理性的動物，最起碼人類理性尚未能到達以語言取代暴力，以罵戰取代戰爭。所以罵戰可以說是在物理的力學關係以外，基於非力學的原理，人類所開闢出來的另一個非力學原理的戰場。

可是當對陣的空間超越語言時，文字往往取代了語言，文鬥取代了語鬥，掌握文字媒體或大衆傳播媒體的集團或文化打手，經常會取得戰局的主導權，而以文字影像等等大衆傳播的武器來攻擊對方，醜化敵人。因此罵話經常就因空間的限制而失去其傳統的威力而逐漸沒落。

雖然如此，罵話有時比暴力更能發揮其潛在的殺傷力。《三國演義》中，諸葛亮罵死了王郎是較有名的。《醒世警言》第三十四卷〈一文錢〉一文中，就是爲了小孩子賭輸了一文錢，雙方家族展開了一場罵戰，結局前後死了十三人。也許因爲罵話的威力太大，明清時代的法律規定，兒女或奴才罵雙親或主人處絞刑，下僚罵上官、百姓罵官吏杖一百，一般人互罵笞十，上罵下無罪。以前中國在法律上只有在上的才可以罵人，這正是反應家父長社會的階級性。

人類的慾望到了近代，才開始從傳統的理性中解放出來。馬克斯（Karl Heinrich Marx, 1818～83）的慧眼很快地就看出人類潛在著的無限慾望，而從「食」的慾望去追求經濟的原則，完成了社會主義的經濟理論。佛洛依德（Sigmund Freud, 1856～1939）從「色」的慾望去分析人類的本能，而開創了「精神分析」的科學。這二位近代社會科學界的巨人都不從形而上的，而從人類最基本的「食色性也」去探求而得到結論。台灣人價値觀的分析，若能從「姦您娘」的比較語言學，「姦您娘」的社會學，「姦您娘」的心理學去探求亦無不可，也無傷大雅。

第2講　「大同世界」的地獄學

●不必受審判的終末論

這一代年輕的台灣人，不管他們是否眞的會以「大同世界」作爲自己未來理想世界的藍圖，至少按筆者非正式的統計，現在年輕的台灣人到小學畢業爲止，至少每年要公開唱「以建民國，以進大同」達五百次以上，到了高中畢業爲止至少要叫喝六千次至一萬次的「大同」。這個保守的統計數字，僅將每日升降旗唱「國歌」二次×二五〇天來計算而已，並不包括上電影院起立唱國歌或開會時唸「國父遺囑」。

「統治階級的思想，經常是支配社會的思想」，這是一句馬克斯的名言。當然，「大同」思想支配著台灣的政治思想、社會思想，也支配著台灣社會的理想世界觀。

一九六八年，筆者曾爲文批判過「大同思想」。七〇年代以後才開始主張「大異思想」，而以「大異世界」作爲現在、未來的理想世界。

「大道之行也，天下爲公，選賢與能，講信修睦……是謂大同。」（禮記禮運大同篇）

這一篇大談「誠意、正心、修身、齊家、治國、平天下」的大道理，我在學生時代曾被迫背了又背，浪費了不少青春，所以至今還能記得其中一小部分。

這一篇代表儒家理想的政治意識型態的文字，不但孫文喜歡，連毛澤東也不討厭，至今還一直支配並籠罩著整個中國的社會意識；反正共產世界與大同世界在目標上並沒有多大的對立，空想的社會主義與科學的社會主義爭論已不再引起社會主義者的興趣了。既然共產世界與大同世界都不是「天上的」，而是「地上的」，也都是理想政治的終點，連極左的紅衛兵亦不便反對大同世界的理想。日本雖然早就接受漢文化強烈的影響，卻不欣賞大同理想，整個社會喜歡「大異」，大大的標新立異，因此會在傳統的天皇制下走向近代化與民主化。

孔子活躍於周室沒落的春秋時代，對於當時國際政治霸道的力學原理深感不滿，因而周遊列國，大力推銷復古的王道思想，鼓吹回歸舊時代社會秩序的禮，而描繪了沒有「民道」的大同世界的藍圖。

同時代的希臘，社會科學與自然科學已相當發達。柏拉圖（Platōn, 427～347 BC）的「理想國」類似大同世界，可是社會經濟是平等的消費與分配，極富哲理與社會科學的精神。莫爾（Thomas More）的烏托邦，歐文（Robert Owen）、聖西門（Saint Simon）、傅利葉（Charles Fourier）等人空想的社會主義，都已不再想在天上追求伊甸園，而在地上追求桃花源。

繼承孔學的理想而將大同思想體系化的大作，首推康有爲的《大同書》。康有爲受西歐民主主義與社會主義思想及佛教思想的影響，而完成大同世界的思想體系。超脫苦難與污穢，只有快樂與清淨的極樂淨土的佛教淨土眞宗的思想反映在康有爲的眼裡，剛好與大同世界的影像重疊，而變成海市蜃樓。

康有爲《大同書》甲部〈入世界觀衆苦〉中，曾列舉人世間有「人生之苦」「天災之苦」「人道之苦」「人治之苦」「人情之苦」「人所尊羨之苦」。爲了解決苦惱的根源走向大同世界必須破「九界」：

㈠去國界合天地

㈡去級界平民衆

㈢去種界同人類

㈣去形界保獨立

㈤去家界爲天民

㈥去產界公生業
㈦去亂界治太平
㈧去類界愛民衆
㈨去苦界至極樂

全書反覆強調男女平等，各人自由獨立，天賦人權。但是何以上述諸事能成爲到達大同世界的關鍵，可惜全書未作明確的理論性解說，事實上不可能、也沒能力作理論上的解說。因此佚外盧曾稱《大同書》是康有爲思想硬化時代的象徵著作，以大同思想來虛飾內心反動的心態。

孫文也拷貝了大同思想而大談天下爲公，大炒「雜菜麵」。連中華民國的「國歌」最後都是「以建民國，以進大同」爲最高立國目標。不但儒家唱大同，封建軍閥唱大同，連毛澤東都忘不了大同。

基督教、猶太教、波斯教的「終末論」，想進「天國」最後還有神來審判善惡。可是大同思想從據亂世、升平世至太平世的大同世界終站，沒有神的審判，也沒有天國與地獄之分。不論聖人君子或雞鳴狗盜，反正只要有一位「有德者」來領隊，就可以雞犬升天，遂令一些異教徒羨慕，恨不得當「中國人」，而中國人自然也以身爲中國人爲榮了。

●脫離現實的社會分析

自孔子至康有爲、孫文的大同思想，雖然類似基督敎的「天國」思想，但是基督的「天國」是來世的，而大同世界是今世的。基督教文明直到社會主義興起以後，伊甸園才從「天上」進步到「地上」。大同思想自誕生以來就一直是地上的而不是天上的，不過這並不代表大同思想的「進步性」或「現實性」，僅是說明了漢文化一直是今世的、世俗的文明，而缺乏來世的思想而已。

大同思想自問世以來已近三千年，卻一直是無法達成的政治理想。以無法達成的政治理想來作「據亂世」以後的政治理想，正是現實政治中不可缺少的政治手段，也是政治騙術。這僅是提供未來（不是來世）的理想而已，而不是解決現實的手段或方法。

孔學認爲要到達大同世界，必須由個人的「誠意、正心、修身、齊家、治國、平天下」的階梯一直往上爬。主張要達成政治理想的方法，必須從個人的修養開始，而不是從社會的制度開始。這一點可能是東方與西方社會思潮不同之處。所以「欲齊其家必修其身」、「欲修其身必正其心」。

這也就是說要平天下必先治國，依次必要的條件是齊家、修身、正心、誠意。若依次類推，在理論上缺乏任何一個前提條件，下一步階段即無法達成。換言之，要當一個好爸爸媽媽，必定要修身養性成為一位人格者。要當一位有為的領袖也必先齊家。就不可像孫文或蔣介石，甚至毛澤東等等中國的領袖人物，「大某細姨」一大堆。蔣介石還好，只要四位老婆，蔣經國也僅在年輕時代鬧了一陣家庭糾紛而已不算能「齊家」。孫文更好色，老妻盧夫人曾到東京來「抓猴」而發生過車禍，東京街頭風風雨雨，疑雲重重。汪兆銘在黨內為了面子，不得不反對孫文同宋慶齡結婚。即使如此，孫文也忘不了要治其國「必先齊其家」。

「修身」是屬於「教養主義」與「禁慾主義」所標舉的行為，雖然是充實自我的方法，但未必是解決政治社會諸問題的秘方。可是要接近大同世界的理想，儒教徒不如回教徒來得快。回教國家的政治領袖經常是宗教領袖。要人格者、有德者、宗教家去實現王道政治，至少要學回教的教理，讓儒教徒的教主去掌握政權才能實現王道政治。即使是實現了王道政治，也並不是已接近「民道政治」。回教徒雖不唱大同世界，至少在方法上比儒教徒的腳步更早一步接近大同世界。

我們可要求肉食動物不吃草，卻不能要求牠們不吃弱小動物；可要求草食動物不侵犯到其他動物的生存，卻不能保證草木的安全成長。佛教戒殺生，卻無法防止猛獸或病菌對人體的侵害。大自然中，只要有生命的存在，萬物之間的爭鬥是不可避免的。因為某些生命的存在條件，是以某些生命的死亡作爲前提。萬物的生態體系是生生死死，循環不息的。

人類社會是由多元的價値體系，多元的自然與社會法則所構成。誠意、正心、修身、齊家、治國、平天下，各有其範疇和構成要素，以及各自作用的法則，各自不同的主體與客體所構成，其間並沒有必然的因果關係。

即使平天下的前提是治國，治國的前提是齊家、修身。修身未必能齊家，齊家未必是治國的大前提。有秩序的社會，各成員可能全部都是遵守社會秩序的成員。守秩序的人或領導人無論如何修身養性，頂多只能成爲一位人格者，即使處處以身作則也不一定能創造出一個守秩序的社會，頂多亦僅是塑造出幾個守秩序的模範人物或樣板而已。

我們可以拿大前提來規定小前提，若是拿小前提來規定大前提，那就有點莫名其妙了。

事實上能修身、齊家的聖人君子，很難找出一位眞正能治國平天下的。相反的，能治國平天下而被稱爲「貞觀之治」或「××之治」的明君，大都是大某細姨一大堆，父子兄弟相殘打殺，鬧得雞犬不寧。唐太宗、宋太宗、明成祖這些天下大治的明君亂倫之家大都如此。偉大的政治家未必是道德家，相反的，道德家能成爲偉大政治家的卻寥寥無幾。

●從大同到大異

道德國家的前提是要有道德的政府——不是以法律爲依據，而是以德治爲依據的政府。要組成一個德治的政府，必要由道德家、人格者、宗教家共同來組成「倫理道德黨」，經由自由的選舉取得政權。萬一要從獨裁政府取得政權的話，人民道德黨的領導人就不得不被迫採取霸道的手段。如「革命神學」等等重新改編的道德革命理論。

總而言之，社會的下層構結如果無法健全，即使有道德的個人，也不可能會有道德的全體。本來社會的道德規範頂多也只不過是社會秩序的規範而已，與如何來改善社會環境，提高市民生活水平，進一步接近理想的社會並無多大關聯。歷史悠久的文明古國，在社會秩序與道德水平上，平均都不如經濟高度開發國家，其來有自。貧困的社會無論如何宣揚道德教育，百姓還是各自鋌而走險。

「大同世界」之所以是一個無法到達的世界，並不是大同世界本身是一個空想的世界，而是大同思想本身是一個充滿矛盾的思想，是中國人知識蒙昧智慧未開的象徵。

假使今世之中有一個大同的世界的存在，這個世界將是一個非常危險的世界。這一世界將是靜止的世界，也是死亡的世界。

事實上，自由、平等、博愛、民主、幸福，這些普遍性的理念，沒有一樣不是人類一直追求的理想，可是這些理想概念本身只有存在於對立的世界才有其存在的意義：自由vs束縛，民主vs獨裁……。

不論幸福的概念本身是主觀的、是客觀的或其他共認的幸福概念，一定要有不幸的存在，才有幸福的存在意義。不然幸福本身不含任何具體的或積極的意義。當然自由、平等的概念也是如此。大同的世界也不斷的以大異的世界爲前提才有其存在的意義。

如果人類不想在天上建立「大同共和國」，只得在地上找出自然的空間來建設地上的「大同共和國」。

只要在地上，人終免不了要受制於地上的自然法則與社會法則。只要是活在地上，皆不得不以地上的客觀條件做爲前提來設想與構想。氣候、地質……萬物沒有一樣不是時時刻刻在變化，在變動。有自然的災害，也有人爲的災害，有機械文明的物化，也有與生俱來精神上與肉體上的苦痛，人與人之間的糾葛。

在這一現實的自然與社會的條件下，人類不斷的在自然中與自己鬥爭，才有生存的意義。有不滿，有反抗，社會才會有變革，有對立的世界才有進步的文明。自然環境日日在變，人類的生生、成成、死死，也時時刻刻在變化。

若想在這一個乾燥無味，只有喜樂沒有哀怨的「非人性」的大同世界安居樂業，不久將會喪失變革與發展的社會原理，而被迫宣佈文明發展的終止與人類歷史的終焉，走入終末論的世界。

思想上求異方能放出異彩的哲理，藝術上求異才有多彩多姿的創作，科學上求異才有發明發現，文化上求異才能創出獨特的文化，政治上求異才能產生政黨政治，學術上求異才能立論創新，社會上求異才能建立多元化的社會。

如何打破「大同世界」的夢想，樹立「大異思想」，對台灣人來說是解脫傳統的詛咒，爭脫統治者的支配思想與世界觀走上新生之路的起步。

大同世界決非幸福的世界，也非理想的世界。我們所追求的社會是有生命的現實世界，是一直朝向永恆與無限的時空挑戰，而永不終止的世界，這是一個沒有「大異」的思想即不可能到達的世界。

第3講　「仁義」的僞善學

諸君的親友之中，多多少少會有幾位名叫「有仁」、「仁泰」、「義雄」、「重義」或「義仁」等等「×仁」或「義×」的親友存在。

台灣人替子孫取名，有時喜歡取用儒教倫理的德目。這可以說已是深受傳統漢文化影響的明記，也是台灣人精神文化的遺產之一。

可是不要以為只有古人文章之中滿紙仁義，時至今日，台灣報章雜誌中的政論還是喜歡談仁論義。以爲在文詞之間不斷插寫上幾句仁義之句即能勸善懲惡，時常使用仁義兩字來包裝即能成爲仁人君子，在言論界中傳道解惑，甚至渾水摸魚。

綜觀儒家倫理，沒有比「仁義」這個概念更含糊，更空洞曖昧，甚至善惡不明的了。

也就是由於仁義概念的含糊曖昧，所以一直成爲欺世盜名的無賴漢所愛用的遮羞布。

●不談沒有概念規定的道義

一九七一年與七二年間，我曾在《台生報》上連續寫過數期的〈四維八德批判〉。最近讀華文報紙刊物的機會比較多，每次讀到有人大談「仁義」時，總覺得在其字裡行間充滿了欺詐，而想問問這些仁兄仁姊，到底是活在什麼時代與社會？

在春秋戰國的諸子百家中，首先向列國諸侯推銷仁義道德思想的首推孔子。他是諸子百家中搶先開門授徒，而又當起政經think tank（智囊團）的前輩。

周室到了春秋時代，政治統治力已有名無實，諸侯間的實力競爭日漸激烈。要撥亂反正，必先否定政治實力，而以德治來代替國政。為了排除左右兩極的思想攻勢，則不得不力倡中庸之道。為了實現理想的政治，孔子以回歸周初的封建家族道德為理想，而鼓吹尚古主義的精神，高唱克己復禮的仁道。

孔子在《論語》中談「仁」，而成為儒家思想的根據，可是對仁的概念並未曾下過定義。他有時將仁的概念說成正義，他有時變成親切、孝順。「克己復禮」、「愛人」、「恭、寬、信、敏、惠」等等。仁變成了對人說仁話，對鬼說鬼話，要了解仁道全憑自己想像，自我約束。

孔子重視「讀書」，而不作實驗或考證。認為思索無益，生活規範不能由思考得來，而應由書中的「先例」得來。

「仁」的具體內容、實踐的道德規範，在傳習中到底道德規範跟仁有何關係？道德規範的知識在仁的規範內扮演什麼角色？仁在知識上的作用等等，並沒有明確的說明。爲何「仁」能成爲道德的根本，《論語》中亦未曾交代，道德的基礎應放在哪裡也不明確。儒家的學問僅至於學習，而儒家的主要任務只重古典的詮釋，一直註了二千多年還在爭論不休。馬列主義一旦跌入漢文明的陷阱，也難逃領導人解說以及中下級幹部再解說的命運，以致正統之爭方興未艾。

五經中所說之「天」，易經之「太極」，朱子之「理」，皆可稱爲漢文化中最高的形而上學。特別是最富有哲學性格的「理」，朱子諸作中也沒有明確的說明。從頭到尾一直強調「理」支配一切事物，可是到底「理」是什麼東西？朱子對弟子們的質問，僅能拐彎抹角的說，反正不久自己就可以知道。朱子雖然經常主張「理」的存在，可是有關「理」的性質，卻默不作答。漢文化至宋學，哲學思想已登峰造極，可是宋學的集大成者朱子卻沒有體系性的敍述。

陰陽五行的思想，經常被一些漢學者自吹自擂的解釋作古代最高的物理原理。這一原理依各家的解釋，有時確有其玄妙之處，有時也可說是充滿迷信，一派胡言。而且隨著時代，帶來了各式各樣的解釋，再加上適用於各門各類學問的結果，越來越複雜，根本不知所云。

本來漢字是表意的文字，在科學上、學問用語上並不適用；而漢民族又是形而下、很現實的民族，不把形而上學中硬抽出既有形又具體的事物來，是不能滿足又未便採用。所以連陰陽五行思想的學理也要用來說明政治，連所有的人事現象也要解釋。

經常有人唸唸有詞的說什麼「森羅萬象，宇宙、人事之眞理盡在易經」。在這一玄幻的學風下，要期待自由眞理的探求，學問的發展，有如緣木求魚，是難以期待的。

●各家的爭仁論義

孟子以「惻隱之心」、「羞惡之心」、「辭讓之心」、「是非之心」的人情來解釋仁、義、禮、智四德。這是用來對抗當時所謂「天下盡楊墨」，風靡一世的利己與博愛兩種思潮的主張。

孔子的「仁」、孟子的「仁義」道德之根源出自人內心自發而來的省察；而荀子的「禮」則是屬於外來的人爲規制。

可是面對孔子人爲的「仁義禮智」之道，老子的道是內含自然原理的自由奔放之道，乃是超越無限的時間與空間存在的道理。

孔子認爲亂世的根源，來自社會上仁義道德的喪失，爲了撥亂反正必須重建仁道。老子卻相反的認爲，「仁義道德」正是帶來亂世的元凶，所以必須否定人爲的仁義道德而回歸自然，

「大道廢有仁義，智慧出有大僞，六親不和有孝慈，國家昏亂有忠臣」成爲老子哲學的原論。老子對道德至上主義加以批評，認爲萬物根源的眞理稱「道」，若能放棄美醜、善惡這一對兩極的概念，「絕聖棄知」便能民利百倍。

莊子嘆息竊帶鉤者處死，盜國者成君王；一旦成爲君王瞬即搖身一變而成爲仁義的有德者。到頭來，仁義道德與聖人的智慧還不是盜來的。

墨子認爲孔子的「仁」是差別的愛，是社會紛爭的元凶。爲追求和平共存，必須有超越階級的大愛，而主張「兼愛交利」的「博愛」，產生利他的精神。這種基督教式的精神也是法國大革命的精神支柱之一。最初對這一兼愛精神大加讚賞的第一位西洋人是托爾斯泰（Lev Nikolayevich Tolstoy, 1828～1910）。

唐代韓退之談「仁」時已與墨子的博愛相當接近。宋代程伊川的「仁」變成「理」，而被分爲專言之仁與偏言之仁。朱子的「仁」，成爲心之德，愛之理。譚嗣同將「仁」發展成爲「仁學」，力主撤廢一切差別走向大同世界。

中國社會雖歷經五四與文革後期對孔學的批鬥，全力摸索新的社會主義道德。摸來索去，最後還是輕易的被帶老路。最近孔學又見死灰復燃。李澤厚氏在〈孔子再評價〉中，從血緣基礎、心理原則、人道主義、理想人格來追求孔學思想的「仁學」。西洋文化中沒有「仁義」

的ethos（文化特質）與logos（語言）。中國人一直談仁義道德反而變成世界戰亂最頻仍、殺戮最凶狠的社會。

山口察常博士的《仁之研究》，與竹內照夫博士的《仁之古義的研究》，可謂日人研究仁學的雙璧。可是日本戰國時代的名將獨眼龍伊達正宗的警言更遠勝於「仁」的研究，值得成為後世的座右銘。伊達正宗在其家訓中曾誡其子孫謂：「超勇成暴，超仁成懦，超義成頑。」過分重仁，不但會養成儒弱的性格，又容易優柔寡斷而喪失決斷力；過分守義容易喪失處理事物的彈性與客觀性；由於墨守主觀的道德，喪失客觀的判斷力而失去通融性，變成頑冥偏屈，閉封自守，執迷不悟的老頑固。任何社會對既成傳統倫理若不經常提出antithesis（反證），產生社會內部的自淨作用，就免不了經常受主觀意識作祟而墨守「仁義」，將失去社會變動的適應力與競爭力而被淘汰。

梁啓超曾批評中國人重仁而缺乏權利精神，因而日漸變成無氣力、無骨性、無血氣的遲鈍人物。放棄了追求自由精神，而養成聽天由命的思想。

●仁義是反時代的德目

「義」的概念比「仁」更空虛而多樣性。義亦如「經禮三百，典禮三千」，缺乏中心概念。

各家對義的解釋有「義者天下之利也」(禮記表記)、「義者斷決」(白虎通情性篇)、「義者循理」(荀子議兵篇)、「羞惡之心，義也」(孟子)、「行而宜之謂之義」(韓愈)、「義者心之制，事之宜」、「義者，天理之所宜也」(朱熹)。

「義」不但定義多，且常同諸德互相關連，互相依存，甚少單獨存在，恰屬於道德的奴隸。譬如與道、理、俠、烈等接合後成爲「道義」、「義理」、「義俠」、「義烈」……等等。義的定義繁多，因而造成漢文化的道德混亂。滿嘴仁義的仁人義士，除了追隨權威與傳統以外，似乎也找不出價值判斷的基準。

中庸將「義」解釋成「宜」，什麼叫「宜」?到何種程度才可稱「宜」?全賴主觀判斷，毫無客觀準繩。「宜」已不一定宜人宜事;今日適宜，明日不一定能合宜。

義的定義若依人依時而異，容易墮入主觀倫理的陷阱，無法求得客觀性。如此一來，要設定「義行」的評價基準幾乎無望。可知義的倫理並非超歷史的、絕對的，而是被特定的歷史時間所規制，純屬主觀的、民族的、階級的。

如此「循理」，如果行爲者本身對這一時代狀況沒有認識論上的智性，頂多僅能循「傳統」，循「命令」，循「權威」。結果義僅能遵循既成的社會秩序，守義者成爲既成體制下頑固的奴才。事實上，義人、義士，不是時代的奴才，就是體制或統治者奴才的代名詞。

由「爲禮不本於義，猶耕而弗種也」（禮記）、「禮之所尊，尊其義也」（郊牲篇），可知禮爲義之實。從理論上講，實現宜者乃爲禮。也是尊重階級的秩序，確立上下的區別，而決定這一區別或差別合宜與否的倫理就是「義」。

本來維持階級社會中的生產關係，與封建社會上下或左右關係不可缺少的既成社會規範是「禮」，而禮之本是「義」。禮義是規範人的社會內外（實質與形式）行爲的支配意識型識，也是規定百姓如何當奴隸的倫理道德。

由「何謂人義？父慈、子孝、兄良、弟恭、夫義、婦德、長惠、幼順、君仁、臣忠，十者謂人義」（禮記禮運篇），「貴貴、賢賢、老老、兄兄、長長，義之倫也」（荀子大略篇），可知人與人之間的差別就是義，白人對黑人的差別在白人既成的倫理上也可稱義。君臣、父子、夫婦、長幼、自他各有道，盜亦有道。肯定此道之差別的就是義。孟子所稱「君臣有義」的義是接合主從的原理。求義是追求臣對君的忠義，而實質上是尊從與追隨權威與傳統的規範。

孔子創出了君子與小人的對立概念，說什麼君子重義，小人重利（里仁篇）。墨子將義與利的定義相結合，以最大公約數的利爲「義」。孟子卻將仁義同利劃分爲兩極的對立概念，因爲孔子僅主張「仁」一字，無法充分來對抗新生代所流行的楊墨「利己主義」與「博愛主義」的思想，而不得不借義來武裝與強化「仁義」的思想。

義經常是壓抑人慾，順從天理的禁慾主義，且時常被迫接受二者擇一的決斷。所以「厚於仁者薄於義」（禮記表記）。仁義不但經常鬧內訌，有時也不得不用「見利思義」（論語憲問篇）的說教來抑制人慾，像似公媽嗅香煙來向「利」挑戰。有時又不得不來個「大義滅親」（左傳），冒用義的名義來抹消親子間的恩義。有時要求更嚴格的「殺身成仁、捨身取義」來否定自我而成爲求死的犧牲主義。

義的概念莫名其妙，可東可西，成爲禮的下僕，追隨「禮」奉侍既成的社會秩序，成爲反動求靜的倫理原則。到了近代社會，義又曾一度執迷不悟的追隨老蔣的「新生活運動」，成爲莫名其妙的「正正當當的行爲」；又追隨軍國主義的要求，搖身一變，成爲「慷慷慨慨的犧牲」。

只要你去肯定現代社會是在不斷進步發展的話，倫理道德的要求應該是超歷史的。一味肯定既成社會秩序的「義」，將難逃時代的考驗，而成爲時代錯誤的同義詞。只談主觀、普遍、形式的原則，而對於如何來決定「宜」的基準、尺寸，卻找不出價值基準；道德規範難免因人因事而異，致使仁義宿命地成爲肯定階級秩序，奉侍既成體制的規範。義不但永遠成爲主觀主義性格的支配原理，也是肯定差別的道理。仁義在本質上，不但是一種如何來做奴隸的道德規範，同「不仁不義」也一直混淆不清，而成爲社會道德敗壞的元凶，也成爲時代發展的阻力。

二二八事變後，白崇禧將軍將事變的遠因歸於日人「奴化教育」的遺毒；國防部新聞局掃蕩周報社出版的〈二二八事變始末記〉中，更奇怪的說是歸因於什麼「回到祖國的懷抱，還沒有五十一個月，祖國的忠孝仁義信義和平的美德，未被全部了解」的鬼話連篇。

只要你信仰社會是不斷進步發展的，只要你不是既成體制內的應聲蟲，請別再亂談仁義。讓中國人的子子孫孫去談他們傳統的仁義道德。台灣人，必須從否定既成秩序的倫理中出發才能出頭天。

請把僞善者的遮羞布——「仁義」——丟進糞尿坑裏。

第4講　「背祖」的優生學

●喪失了「背祖」解釋權的台灣人

小時候時常被長輩罵「背祖」，爲什麼會被罵「背祖」？到底做了什麼會被罵「背祖」？從「不聽老人言」以至反傳統的言行，有時甚至連背井離鄉，到外國留學，有家歸不得也都會被罵「背祖」。

「背祖」的含義雖多，有時甚至定義含糊。但是「背祖」的最高「解釋權」以往均屬於家父長，或其他兄長輩。家父長握有「背祖」的解釋權，本是理所當然。因爲在傳統的社會裡，家父長握有「背祖」的解釋權，乃是家父長權力與權威神聖不可侵犯的象徵。

可是進入二十世紀以後，台灣的傳統社會開始動搖，在異國的殖民統治下，外來的思想，外來的生活方式日漸侵襲、侵蝕傳統的台灣社會，反傳統的近代思想與維護固有文化的傳統思想的對立也日漸激烈，老一代同新一代之間，價值觀的對立也越來越激烈，並加速擴大了代溝。傳統的價值觀開始動搖，因此「背祖」的概念也多樣化，流動化，而日漸含糊不清。

在祖神崇拜的社會裡，「背祖」的範疇是純屬於家族「社會」的概念，可是到了近代，隨著台灣社會共同體的成長而擴大到「政治」的領域。

筆者認為台灣人意識是進入二十世紀以後才開始成長，而「台灣人」的價值觀也是進入了二十世紀以後才開始有了「獨自的」，有別於「中國人」的發展。因此我並不否認台灣意識與中國意識都有漢文化的基礎，進入二十世紀以後，才各奔前途，終至獲得了獨自的發展。台灣人的祖先在「荷治」時代，「鄭治」時代，「清治」時代，可能尚未萌生台灣人的共同意識。所以不但「漳、泉」，「閩、客」的分類械鬥不絕，漢人與原住民也紛爭不已。正是俗諺所謂的「蔡牴蔡，神主楨楨破；陳牴陳，舉刀仔相殘」的社會。

可是台灣島上的散民在進入二十世紀以後，歷經初期共同武裝抗日，大正時代以後的民族運動，台灣各族群才開始接受近代西方民族主義思潮的影響；同時並隨著市民社會的形成，而日漸形成台灣人的共同意識。

台灣共同意識日漸形成以後，「背祖」的概念也從「家族主義」延伸到「民族主義」的領域。在民族主義的領域上，家父長便日漸喪失了「背祖」的解釋權。

「背祖」的解釋權從小宗族的家父長手中，轉移到社會運動者手中的情形，時常可以從《台灣總督府警察沿革誌》或《台灣民報》，在其記錄戰前台灣社會先覺在推動民族運動的主張中可以看到。

他們力主台灣的土地是台灣人的祖先渡大海闢荒野所開拓的遺產，如果不起來反抗外來的統治者是對不起祖先，是「背祖」。因此呼籲台灣人起來共同反抗外來政權，建立台灣共和國。

戰後，台灣又來了一批自稱是台灣人祖先的「骨肉同胞」。新來的「骨肉同胞」與數百年來不斷融合於台灣社會的外來「骨肉同胞」不同的是，他們不但取代了日本的殖民者統治，甚至更加蔑視台灣的社會與文化。

在台灣意識和中國意識的對立中，「背祖」的概念也再度由「家族」領域提昇到「國族」的領域。台灣人的祖先的「骨肉同胞」也搖身一變成台灣人的祖先的「祖先」，掌握了「背祖」的解釋權。

戰前台灣社會運動的鬥士說，台灣人不起來反抗外來政權的人是「背祖」。可是戰後外來的台灣人的祖先的「祖先」說，反對我的就是「背祖」、「數典忘祖」、「不肖子孫」。

●黃帝的子孫不如上帝的兒子

聽說中國人都是「黃帝的子孫」，只有一位老頑童李敖說他是蚩尤的子孫。可是還沒有聽過哪一位站出來說他是倉頡的子孫。

在理論上，若按照單純的數字計算「中國人都是黃帝的子孫」並非不可能。假定二十年一代，給黃帝五千年歷史，又假定黃帝沒有後宮美女三千人。僅以夫妻二人乘上二五〇次方，當然人口不只是現在的十一億。可是除了以上的三個「假設」以外，至少也要再來一個驗證的「假定」。也就是蚩尤、倉頡以外的文武百官百姓都絕子絕孫。

事實上，一直擁有共同祖先的族群，在優生學上並不理想，也不健全。按中國公式的統計，現在中國人口中，白痴等等劣性遺傳的子孫約有五千萬人，佔世界第一位。是不是因爲「大家都是黃帝的子孫」，而百官百姓都絕子絕孫了，才在優生學上劣性遺傳出了問題？有待遺傳學者去研究。

記得三十年來，一直擔任《台灣青年》月刊雜誌總編輯或發行人，現任東京理科大學的周英明教授曾經在二十多年前的《台灣青年》上寫了一篇〈聊論「黃帝子孫」〉的文章。文中指出：「如果要搬弄老祖宗的神位，以舊爲貴的話，與其指出四、五千年前的黃帝，不如抬出人猿，至少這種動物起碼也有數百萬年的歷史，『人猿與人』，就進化論的觀點來說，總有幾分血統關係，比起黃帝更確實。」

周英明教授主張「我們的祖先是猩猩的表兄弟」，當然從生物學的觀點來看，猩猩的表兄弟姊妹總比黃帝的傳說神話更具科學性。

黃帝到底是什麼時候在中國的歷史舞台上出現的？御用歷史學者常引經據典來傳述黃帝的開國，神話鬼話一大堆。最起碼在中國最古的陶文、甲骨文、金文的解說中，尚未有隻字片語提及黃帝其人其事。頂多是自陰陽家在春秋戰國史登場以來，才由金、木、水、火、土的五行相剋中演繹出來青帝、赤帝、白帝、黑帝、黃帝。在黃土高原上開疆闢土的華夏子民，在陰陽五行相剋相殘之下，終於排斥青紅皂白四帝，獨尊黃帝。特別是在近代的黃帝研究中，黃帝有時從「殷人祀祭的天神」被研究到成爲「原始社會的奴隸主」，黃帝傳說的研究實在五花八門，各有其理。

黃帝自從被「龍的傳人」抬出來，捧爲中華民族共同的祖先、成爲祖神崇拜的偶像以來，「黃帝的子孫」不但成爲大漢民族主義的象徵，也成爲國粹主義排他的代名詞。少數民族的傳統文化被抹殺，新生的近代民族主義意識也被壓抑。

筆者不是耶穌基督的傳教士，可是自學生時代以來，即主張台灣人當「黃帝的子孫」不如當「上帝的兒子」。

至少在台灣人的價值觀、世界觀的時間與空間的意識上，「黃帝的子孫」與「上帝的兒子」有天壤之別。「黃帝的子孫」在歷史觀上是向後看的，因此經常不得不回顧到五千年的歷史文化傳統。可是「上帝的兒子」在世界觀上是來世的，沒有以往奴隸社會或封建社會的陰影，所以能擺脫大漢民族主義的排他性。「上帝的兒子」在時間意識的方向上是朝向未來的，在空間意識上是超越民族的，是人類共有的世界主義意識。

◉不要讓死人來支配活人

今日的人類不知是歷經幾千萬年或幾百萬年的進化，才有今日萬物之靈的地位。當猿人從樹上走到地上直立步行時，已是背祖；不茹毛飲血，而穿起衣褲，吃起滿桌的山珍海味也是背祖；不坐馬車，坐起汽車也算是背祖。

當然這並不是故意說笑話。清代慈禧太后要回滿洲祭祖時，到底是坐馬車去，還是坐火車去，日理萬機的朝廷大臣之間曾發生激烈的爭論。主張坐車去祭祖的被認爲是史無前例，是背祖忘宗。

不堅持阿公阿媽時代的帝王將相的傳統思想，而叫喊什麼「民主主義」、「社會主義」更是背祖忘宗，不配當「龍的傳人」。

在祖神崇拜的社會裡，反傳統的一切言行均被目爲背祖。人類大都違悖了祖神的符咒，才在精神與物質方面有了長足的進化或進步。近代市民社會的建立，自「背祖」出發。太肖祖先，全身長毛的下一代，日語稱爲「回歸先祖」，是一種隔代遺傳的現象。時代不是靜止的，下一代要不斷的超越上一代，社會才有進步。從優生學上看來，「背祖」、「不肖」，社會才有進步。

台灣最高學府的某位史學教授，以前來日本玩了幾天以後，向筆者說：「日本並沒有什麼了不起。」筆著問他理由。他趾高氣昂、滔滔不絕地說：「你看，日本人用的筷子、木屐、和服、相撲……都是從我們那裡學來的。還有，你看，日本人還不是我們徐福的子孫。」當他說到日本人是徐福的子孫時，一時好像搖身一變成爲日本人的祖先似地，爲了怕筆者不相信日本人是徐福的子孫，回台灣後還特別送來一本徐福研究的專著，以證明所言不假。像這種傳說的研究，因缺乏近代史學研究的方法，再引經據典找出百倍以上的史料，到頭來也僅至於「傳說的介紹」而已，並不因此就能證明日本人是徐福的子孫，或中國人是日本人的老祖宗。

祖先的意志或願望，有其生存時代的背景與界線。文明的發展並不是在墨守傳統的成規中，而是在不斷的創新中，突破時代的限制而日新月異。

五千年前的祖先有五千年前的時代背景，五萬年前的祖先有五萬年前的時代背景。祖先的祖先的祖先，列祖列宗開創新文化，締造新時代，都是從「背祖忘宗」中開始，到了太肖祖先的子孫太多了，一天到晚在祖神的膜拜與詛咒中守成而結束。

綜觀以往的祖神崇拜者，大都昧於生者而精於死者，昧於未來而精於過去。喜歡利用死人來支配活人。他們有如巫師，傳達死人的意願來向活人發號施令。

死人的理想，死人的願望，死人的意志是屬於死人的時代、社會的產物。死人既未看過現代，哪能理解未來子孫的需要或理想，更無法臨場指導活人，指點迷津。

雖然「死人無口」，可是最近幾年來偏偏有些專代死人傳話的巫師、乩童，專替台灣人的祖宗傳話，有時甚至發生錯覺，以為自己是台灣人祖先的祖宗。他們錯認了台灣人的祖先，不得已當了奴隸，所以他們的子孫也想一直當奴隸。因此當台灣人不想再當奴隸時，巫師、乩童就代替台灣人的祖先傳話，訓斥不再做奴隸的台灣人「背祖」或「數典忘祖」，是「不肖子孫」。

如果筆者不健忘的話，記得並未經過法定程序，選定這些巫師當自己祖先的代言人，來傳言或解釋散居在天國或地獄的祖祖宗宗的意願。從優生學上看來，也不認為「背祖」是「負」的價值。在民族主義意識的領域裡，筆者反而鼓吹「背祖忘宗」。

第5講 「人情義理」的社會學

●人情義理與義理人情

與筆者同年代的台灣人，自小都在人情義理的社會中長大。在人情義理的小社會中，養成如何來處理「人情世事」，以免被世人看輕，說「不識人情義理」。

可是人情義理到底是什麼？如何來認識人情義理？

我們常說的「人情義理」中的「人情」，事實上並非「人之常情」。

「人情」是按個人在「感覺上」、「感情上」的親疏強弱的比例關係，來調整對人關係的感情。也可以說是對他人的友情、同情、好意、親切、親愛之情的總和。「人情」在原則上是「對他人的」，對自己的直屬親人的愛情，在原則上並不屬於「人情」，也不叫「人情」。

「人情」是有親疏關係，有偏向的。對較親近人，當然人情較重，對待較疏遠的他人，當然人情較輕。所以「人情」因人而異，因親疏而有輕重，因交情程度而「紅包」有大小。人情在無限大的情感之中，像是以感情爲中心點的同心圓，對直接能接觸到的人，依親疏的距離爲比例，次第薄弱而至消失的一種感情。對不知是「何方人士」的他人，是不包含在這一「人情」的「同心圓」之內的。

所以人情可以說是有排他性，有別於普遍的人類愛與博愛。所以說「人情」僅是「人情的義理」社會的「人之常情」，而不是「人情義理」社會以外的市民社會的「人之常情」。

本來「義理」之學是儒學的道德原理，是朱子的「義理之學」。可是在中國，「義理」中的「仁義」之義帶有普遍主義的性格；另一方面「義」也演化爲「君臣之義」，而帶有個別主義的性格。儒教倫理跨越海洋，流入日本或台灣的海島以後，在不同的社會背景中，成爲俗民社會的價值合理主義，而失去了中國普遍主義的面相，成爲富有個別主義性格的倫理。這並不是君臣主義的義理，而是帶有強烈性格的小集團中的價值意識。

「義理」並不是依個人的好惡喜愛，也不是由理論來決定的行爲，更不是金錢（經濟價值）、權力（政治價值）、理論（合理性價值思考）的東西，而是感情的價值。

義理經常是對特定人物或事物的義理，比如對友人、對上司、對前輩、對鄰居、對恩人……對象是無數的。「義理」是對特定的人與事的原理，所以可以說是個別主義的倫理，是個別主義性格的社會與文化的產物，而不是普遍主義的倫理，與儒教倫理中「仁義」的普遍主義性格的大道理並不相同。

人情與義理雖然都是在感情世界中所產生的心理規範及對人意識，可是人情是感情、慾望，屬於新的原理與規範。義理是義務之理，屬於公的支配原理，兩者是公私成對的概念。

在日常生活中，每當「人情」同「義理」不能兩全而不得不兩者擇一之時，「義理」經常不得不出來主持正義，反對「對人唯情」。以「公平」的原則來維持小小社會的圓滑作用而與人情「相輔相成」。換言之，「義理」是在沒有「人情」的地方，以彌補「看似無情似有情」的行爲。所以義理很容易裝模作樣，虛有其表，而演化成虛禮。

「人情」同「義理」雖然有時是對立的，可是經常互相依存，而構成「人情義理」中的冷暖人間。

日本人稱重義理爲「義理人情」，台灣人重人情叫做「人情義理」。中國人義理已沒入人情之中，僅存人情，而形成情重於理，理重於法的社會。在這一情、理、法優先順序明顯的社會，在「人情世故」的拘束下往往容易背上滿身的「人情債」。

●「人情義理」的論爭

《菊花與劍》是戰後西洋人研究日本人的精神文化之著作中一本很有名的書。美國人類學者露絲・貝內迪克德（Ruth Fulton Benedict, 1887～1948）曾在書中指出，「義理人情」是「人類學者在世界文化之中，所找出的所有道德義務中，最珍奇的東西之一」。

貝內迪克德認為「義理」是「非出自本意而又不得不履行的義務」，「人情」是「浪漫的戀愛」。因此，將日本人從縱橫交錯的「義理」的拘束與緊張關係中解放出來的是「人情」。

可是「義理」不同於「義務」，因為「義務」是社會集團中各人必須履行的集團規制，所以盡義務的代價是享有「權利」。可是「義理」是互相之間的倫理規範。

有關世界獨一無二的日本「義理人情」文化，日本學界爭論甚多。日本思想史學者源了圓在《義理人情》一書曾出指出，「義理」是「好意的回報」、「信賴的呼應」、「自我體面的保持」、「不願負污名的顧慮」等等行為，而「人情」是面對義理（公）的私情。

貝內迪克德認為日本文化是「恥的文化」，源了圓卻認為「恥的文化」說明不了日本「義理人情」的社會本質。因此本來是外在規範的「義理」有時也會情緒化、心情化。又何況「義理」在日常生活上所能產生的作用，若抽出了感情的要素，即無法了解「義理人情」的本質，所以乃重新提出了「恥與共感的文化」來說明日本文化的特質。

精神醫學者土居健郎在其名著《甘的構造》中指出，「人情」是自然發生的，「義理」是人爲的。這兩者是對立的概念，是日本人特有的「情結的糾葛」。並在《精神分析》一書中指出：「強調人情容易導致鼓勵依賴感情，而強調義理則會導致依賴感情的人際關係得到結合。」

櫻井庄太郎認爲「恩」是建立在上下關係之中，而「義理」則是建立在平等的關係之中，是庶民的意識。

社會學者姬岡勤認爲，「義理」可以分成「對好意的回報」、「對契約的履行」、「對信賴的呼應」與「道義」等四種類型。

電影評論家佐藤忠男認爲「義理無限地指向人情」，也就是說，人情在本質上並不是貝內迪克德所指出的互相對立之道理，義理是容器，人情是內容。

農村社會學者有賀喜左衛門指出，「義理」是規範日本社會關係的既定生活原則，盡「義理」是履行生活互助關係的義務。「義理」無法單獨行動，經常要與「人情」成對，同進同出。所以「義理人情」時常被看成「公與私」的原理，人情是私，義理是公。義理一直存在於日本的家庭制度、部落組織、封建社會、近代企業組織，甚至近代國家組織之中。

日本自戰前以來，人類學者、歷史學者、社會學者、心理學者、精神醫學者、文學家之中研究「義理人情」文化的學者甚多；戰後自《菊花與劍》問世以來，「義理人情」的研究更爲深入而又多彩多。可是大部分人認爲「義理人情」是日本特有的「精神文化」，在西歐、印度、中國社會中並不存在。

因爲歐洲社會是發達的工業社會，超越小範圍的共同體意識，已成立了近代市民社會的連帶感，所以「義理」意識已不存在。

按社會人類學者中根千枝指出，印度社會階級制度非常嚴格，所以「義理」觀念完全不存在。印度貧富之差距甚巨，所以貧者受到恩惠的施捨，也不會感到有報答恩惠的必要。

中國的社會因爲有強固的同族制度，所以「義理」缺乏存在的背景。

筆者還有另外的一個看法。中國社會除了強固的同族制度以外，因爲是世界天災與戰亂最頻繁的社會，所以地域社會變動激烈，人與人之間的信賴關係已近崩潰，所以陰謀詭計，勾心鬥角的知識發達，因此「義理」已解消而沒入人情之中，更演化成爲「恩仇必報」的恩情主義與復仇主義。

不僅是西洋人，幾乎研究「義理人情」的各學者專家，大都認爲「義理人情」是獨一無二的日本精神文化。其實台灣人的「人情義理」極類似日本的「義理人情」，僅是日本的專家未見有台灣人「人情義理」的研究專論，台灣人本身也缺乏自己的「人情義理」文化的研究。

日本的「義理人情」文化，經常反映在電影與小說之中。守信、恩仇、殉死、拚命、雪恥等等經常成爲不少故事的題材。如《赤穗浪士》《淸水次郎長》、寅次郎的《男性的苦情》等等影片都能引起台灣人的共鳴，就可以看出這兩個海島「義理人情」與「人情義理」的類似性。而戰後來台的大陸人不但無法融合於台灣社會，更無法理解日本的精神文化，最主要的理由之一，可能也是缺乏這種「人情義理」的文化背景。

●台灣「人情義理」社會的動搖

台灣的漢人社會是由外來移民所構成的移民社會，「人情義理」的社會是如何形成，從什麼時候開始，在日本半世紀來的殖民統治下有沒有受到日本「義理人情」文化的影響？有待更深入的研究。

人情義理經常反應世態，人情義理的變遷正是時代變遷的象徵。人情義理雖然是台灣人傳統的價值觀，但並不是高貴的意識，僅是俗情而已。

台灣人價值觀的變遷，也是台灣人俗情史的變遷。台灣初期移民的農村社會有農村社會的人情義理，日治時代的近代化社會胎動期有胎動期的人情義理。可是到了經濟成長期，經濟價值成爲社會價值意識的主流，人情義理的社會也日漸顯出了破綻。

小時候經常聽長輩嘆息「人情似紙張張薄，世事如棋局局新」，正反應「人情義理」社會價值觀的變動。當然並不僅是台灣，日本在戰前將「義理人情」看成是美德，可是戰後也變成了古老封建社會的遺留，甚至不合理的「義理人情」更成爲惡德。

侵入「人情義理」社會的是近代西方思想，特別是近代民族主義、國家主義、市民意識，甚至近代資本主義的發達，也日漸侵蝕而瓦解了「人情義理」的社會。

由於資本主義社會的形成，政治價值與經濟價值日漸超過了閉鎖社會的「私」的支配原理，人情義理的價值意識因而日漸沒落。

在近代國家的政治價值中，忠君愛民已成爲一個具有普遍性的觀念，要求百姓忠於國家、忠於領袖，愛國愛同胞的「公」的支配原理已勝過「人情義理」的「私」的原理。所以有人情味的人不如有才能的人，有義理的人不如有學識、有技能的人容易被社會或企業所重視。人權、尊嚴、自由、民主、平等的價值也無孔不入地侵入「人情義理」的社會之中，日漸取代了「人情義理」的傳統價值。至少「博愛」不但比「私情」更具「普遍性價值」，喊起口號來也很動聽。

當台灣的「人情義理」的社會開始出現破綻時，不但政治優先、思想優先的價值侵入傳統社會，利益優先的經濟價值的侵襲更加激烈。「人情義理」的價值因敵不過經濟優先的價值而自我崩潰：崩潰過程中的「人情義理」社會，不但時常成爲台灣文學的題材，也成爲流行歌曲的歌詞，有如〈男性的復仇〉正是「人情義理」社會走向崩潰的輓歌。「人情義理」社會的動搖、變貌，出現在台灣人的精神文化史上，正意味著什麼？將會帶來什麼？

要解答這些問題，筆者還在繼續探索中。筆者認爲台灣小說家敏銳的觀察力，要比死板的學者更有能力去解答這個問題。

第6講　「異端思想」的基礎力學

●台灣傳統社會的族群與族神

台灣社會的結構在基本上是「移民社會」，「移民社會」在初期均以血緣及地緣作爲結合的基礎。在生活習慣上，台灣人喜歡「拜拜」，並經常透過「拜拜」，確認彼此共有的族群意識，進而形成台灣原初社會的基本結構，產生了台灣文化。

除原住民有崇拜「自然」以及各族族神的原始信仰以外，各梯次的新移民爲了團結內部，並對外確保族群本身的利益，各族群都有各族群的祖神或守護神。因爲人的壽命有限，光依賴地方有力的長老或政治明星，族群權益無法永固，所以必須有自己族群的守護神，才能永久的保庇地方或族群的安全。各地方並以輪流舉行的大拜拜，吃齊腺（盛宴）來團結地方，作爲地域交流，以及共同確認小集團社會的同質性的方式。

比如住在台北的泉州人中，來自晉江、南安、惠安的「三邑人」，以萬華龍山寺觀世音菩薩爲祖神；安溪人子孫的守護神是萬華祖師廟清水祖師；同安人的守護神則是大龍峒保安宮保生大帝。

可是漳州、龍溪、漳浦、詔安、南靖、長泰、海澄的七縣漳州人到處都有開漳聖王廟。廣東潮州的海陽、饒平、惠來、揭陽、豐順、潮陽、大埔、澄海、普寧九縣中，僅饒平爲客家。客家以廣東惠州十縣、嘉應州四縣爲主（嘉應州長樂、興寧、平遠、鎮平四縣至民國後改稱梅縣，以前被稱爲「四縣人」），各族群均以三山國王廟爲守護神。

不但各族群有各族群的守護神，各行各業也有各自的守護神。比如田都元帥是南管派及北管派中四評派的守護神，舊曆八月二十三日爲祭日；而北管派的守護神爲西秦王爺等等。超越地方、職業、宗姓的共同守護神是各地城隍與各宮媽祖。可是像台北大稻埕霞海城隍廟的城隍因被同安人掌握，所以萬華三邑人與安溪人不得不以青山王廟的青山王來對抗大稻埕的城隍。

本來，城隍爺有如陽間的縣知事，是專管陰間事務的縣級地方官。城隍爺直屬天公（玉皇大帝），有龐大而又複雜的行政機構：六司，甚至十八司的組織，公職人員從牛、馬二爺至謝將軍（張爺）、范將軍（矮爺）……七爺、八爺、三十六神將。城隍之下的地方官廳有境主公廟、土地公廟，各村有各村的「管區」。後者等於陽間的「警察局」及「派出所」，境主公、土地公則如日本「土藏」，陰陽之間交流密切。

這些多神教的民間信仰對台灣原初文化的形成、發展，以及台灣人價值意識的定型有莫大的影響。

●台灣文化的形成與層次

由於台灣基本上是移民社會，因此筆者認爲，不但馬克斯主義的社會發展階段論的八股，或其他社會學、經濟學上的發展階段論，均不適合用來分析台灣特殊的社會結構。至少，到了十九世紀的末期，台灣社會的結構，在基礎上是由四個不同的社會集團所構成的「系爭與共存」的物理力學社會：統治集團的官吏士兵、綠林的土匪、各梯次的漢族移民，以及各族原住民等四大社會集團所形成的「系爭與共存」的社會。

由大陸所派來三年一交班的官吏、綠營士卒每年向住民強徵半數以上的收成。台灣自清代以來一直是中國大陸官吏、士卒宰割搾取的俎上肉，所以住民反抗不斷，通稱「三年一小反、五年一大亂」。事實上，按《清朝時代台灣的綠營》一書所述，在清朝二一三年間，「動亂」即有一五四次。

當然，台灣化外之民不但受盡外來大陸官兵的宰割，一離村莊，就是土匪暗躍的天下。官兵不但無力征討，有時甚至官匪勾結，化外之民也一直成爲官匪收刮與掠奪的對象。加上新移民與舊移民、漢族與原住民的土地爭奪，可說是充滿「血、淚、汗」。

第一梯次的移民大都是泉州人，歷經與原住民的爭戰，連拐帶騙地取得了沿海已開拓的肥沃土地；第二梯次的漳州人，僅得委屈而求其次；第三梯次的客家人不得不往山坡地進軍。在各族群的勢力傾軋之下，台灣各族群至日治時代的初期，分類「械鬥」不曾間斷；不但是閩、客、漳、泉，甚至姓對姓的械鬥也不曾間斷。閩系的朱一貴之亂，就受到了客族的打擊；漳州人的林爽文之亂，所遇到的勁敵則是清潮官吏所招募的泉州、客家鄉勇。連村婦被調戲，或賭博輸錢都會引起你死我活的村對村、族對族的對抗。即使同姓同宗也會「陳抵陳舉刀仔相殘，蔡抵蔡公媽槓槓破」。

在二十世紀以前，不光是台灣，亞洲各地除了日本以外，「近代民族意識」大都尙未萌芽，台灣人的共同意識也尙未誕生。台灣人的共同意識是歷經台灣各族群的「共同抗日」之戰，才在日漸形成的近代市民社會中，因共有的歷史意識而逐漸成熟的。而客觀台灣文化的定型，更強化了主觀的台灣意識。

台灣文化的形成，可以分成三個歷史發展階段。第一期的文化階段是漢文化與原住民文化的雜居、融合階段；第二期的文化發展階段是日本文化與近代西洋文化的傳入；第三階段是第二次世界大戰後，以國共內戰與東西冷戰為主軸的黨國文化與自由主義文化的引進。

化內之民與化外之民，在各自不同的歷史發展條件下所形成的中國文化與台灣文化，雖然共有漢文化的「文化要素」，可是在「文化結構」上並不相同。比如以文化要素之一的言語為例，按故語言專家王育德教授的研究指出，台灣福佬話的特色是不漳不泉，並會依年齡及學歷的不同與外來語（日語、英語、北京語）作不同比例的混合。而以往的台灣鄉土文學、台灣文學的論爭，正象徵著中國文化與台灣文化的「文化摩擦」。所謂「中國式」與「台灣式」的不同，也正是文化模式的差異。

台灣文化在各階段獨自發展的過程下，當然形成台灣人特有的價值觀、人生觀、世界觀。然而，台灣人價值意識的形成在二次大戰以後近半世紀來，若從整個人類歷史的發展過程看來，是世界思想上的異端，也是人類史上的畸型兒。

●台灣的正統是世界的異端

在觀察、分析台灣社會，思考台灣問題，追尋台灣人的價值意識時，絕不可忽視的一個基本問題，就是：如何了解現有的台灣社會型態。

現在世界上的任何國家或地域，沒有一個地方比台灣更畸型而異端。有既不改選又沒有選民的民意代表；既已無法代表中國，卻堅持代表中國。「一年準備，二年反攻」，既不實現也不必負起任何政治責任。社會花天酒地，卻有長達三十八年非常時期的戒嚴令。明明是人治國家，卻強稱的法治國家……在這種虛構的體制下，台灣社會既不正常又不健康。

若以台灣現存國民政府體制與過去的日本殖民體制相較，現有體制實質上比過去的殖民統治更具有殖民統治的特質。

殖民統治的基礎大都存在於下層的「經濟結構」。國民政府自繼承台灣總督府的日本殖民地遺產以來，初期不但接收了台灣所有的金融機構與基幹產業；若再加上公有的土地山林、不動產，約占台灣當時所有資源的八十％。國民政府的官營企業就是建立在這一殖民地遺產之上。不但如此，連日本私人企業全部也都接收了，甚至當時總督府無法完全控制的司法權也掌握在行政院之手中。以前中國曾被稱爲「次殖民地」，若以實質的政治統治性格看來，現在的總統府實在遠超過過去的總督府，應稱爲「超殖民」的統治。

台灣現有政治體制的統治權來自「正統政府」的理念，包括「法統」與「道統」。事實上，這種沒有選民基礎的「正統」理念，在今日民主政治已普遍被世人所接受的時代下，純屬世界中的異端。台灣的現有體制就建立在這種虛構的「異端」理念之上。當然，反應在這一異端體制上的法統、道統的思想與整個價值體系也是「異端」。

如何來克服異端的政治體制與異端的思想體系，在基礎力學上，除了另一端的「異端思想」以外，別無其他力學的原理或法則。

●反體制價值意識是異端的異端

經常被體制認爲是「異端」的反體制價值意識與價值體系的發生與擴大，大都來自體制本身的矛盾。從人類的歷史來看，當一個「體制」過了盛世以後，內部的各種矛盾必然日漸擴大而顯著化。

由統治集團或統治階級所教化的傳統以及公認的價值體系，經常與民衆在現實的客觀條件下所自生而日漸擴大的價值意識發生相互間的乖離現象。在統治集團與民衆之間不同的價值意識對立之下，經常促使統治集團的價值體系日漸形骸化、空洞化。因此，統治集團不得不在虛構的現有體制上力主「法統」或「道統」，來維護傳統的價值體系。

可是，民衆自主的價值意識要形成反體制的價值體系，經常面臨很多困難。先覺者的思想也經常被視爲「異端」而備受壓制。主要的困難，有以下四點：

㈠被統治的階級內部，各個階層、各個集團各有其慾望、利害、固執，各自的價值意識彼此之間也常有衝突或對立存在。

㈡各人的現實意識之中，自主的價值意識與傳統體制所公認或推銷的價值意識相結合的情況甚多。

㈢必要體系化的精神生產手段大都被統治階級所獨占。

㈣民衆在現實的生活條件之下，自主之價值意識大都依存於現存體制之中。

所以，民衆自主的反體制意識，很難形成明確而體系化的「價值體系」。對體制的反抗經常是散漫的，又是絕望的。爲了對抗正統的「法統」或「道統」，所提出的反抗武器頂多是「民主」、「人權」、「抵抗權」，有時甚至提出一些毫無概念規範的「仁義道德」的傳統倫理，來達成「以子之矛，攻子之盾」而已。事實上，台灣反體制運動的領導人，有時也與統治階級有著相同傳統的價值意識。

即使有如上的各種困境，新時代的價值意識事實上並沒有被埋沒在現實的環境之中。而經常由富有洞察力的「異議分子」或「異端者」來發掘，並隨著社會矛盾的擴大，反體制勢力的成長，反體制的價值意識也日漸被體系化。

這些異端的先覺者雖然是民衆的代言人，也是民衆價值意識的改革者，可是有時反而受到民衆的遠離或迫害，而成爲荒野的預言者。比如佛教的釋迦、基督教的耶穌在創教時，均被視爲異端而受盡迫害。甚至連中世紀的科學家也如此，一直主張地球是圓的而受到宗教裁判被焚的哥白尼也一直被人視爲異端。

劃時代的思想最初大都來自異端，歷經時代的考驗與正統價值體系的全面崩潰而得到肯定，甚至發展成爲新時代的價值體系。

台灣人的價值觀，不斷地隨著台灣社會結構的變動而變動，隨著外來統治集團的交替而變質。在文化的「傳統與斷絕」、思想的「正統與異端」的不斷交替與取代下，形成了獨特的台灣文化，也產生了獨特的台灣人價值意識。

當然，歷代支配台灣的外來統治集團，爲了強化其統治的正當性與正統性，各有其正統的價值體系，比如「法統」的價值體系與「道統」的價值體系，來鞏固其統治的基礎而成爲統治的原理。也因此，台灣人的價值意識經常在外來的統治集團的「正統」價值體系的約束與侵蝕下，日漸失去價值判斷的主體性。

要重建台灣人的主體性，絕不是從現有體制的「正統」價值體系中，而是從「異端」的思想中追尋反體制的價值意識。這正是最基本的基礎力學原理。

第7講　「十全十美」的人生學

●最澄與空海兩位高僧的啓示

最澄（傳道大師）、空海（弘法大師）兩人都是日本平安時代，代表平安佛教的兩位傑出的高僧。兩人都是歷經長久而又嚴格的修行與思索，而揭破了生命與宇宙之間的奧秘，各自建立了佛教的宗派體系。

最澄的祖先是近江國（滋賀縣）漢系望族，十九歲時著《願文》，在奈良東大寺戒壇院受戒後，入京都最高峰比叡山修行。

空海是四國讚岐（香川縣）豪族出身，集一族之期望於一身至京都入大學，中途突然棄學，上山下海到各地修行。二十三歲時著《三教指歸》，比較儒、道、佛三教的優劣，而皈依佛門。

最澄比空海年長七歲。兩人同於八〇四年隨日本遣唐使入唐求道。一行四船中途遇暴風，其中兩船沉沒。最澄所乘之船在寧波上岸，直赴天台山求道。歸國後被桓武天皇尊爲國師，入比叡山建延厝寺，創立天台宗。空海所乘之船飄至福州，最初被拒絕登岸，後來福州官府讀空海之歎願書而深受感動放行，終於達成宿願，至當時世界的文化中心長安，入密教眞言宗第五代祖師惠果之門求道。空海接惠果衣鉢，成爲佛教眞言宗第六代祖師（密宗第八代祖師）。歸國後備受宗教界的敬重，在高野山開宗授徒，成爲日本密教的開山祖。

最澄的天台宗內含圓（法華經）、密、禪、戒四宗，爲了求教於密教，特入空海之門爲徒，並接受灌頂。

最澄與空海雖然都是平安時代的佛教改革者，可是兩人面對奈良佛教的方式並不相同。最澄面對保守強大的奈良佛教勢力時，絕不妥協。他的前半生雖備受醉心於政治革新的桓武天皇的庇護與期待，可是自桓武天皇駕崩以後，後半生卻是在失意與佛教教理爭論的困境中終其一生。

空海的個性與純潔的最澄不同而極富包容力。空海認爲佛教的眞諦並非佛法的爭論，而是經由實踐而成佛。他不像最澄與奈良佛教勢力正面對決，空海經由實踐與奈良佛教共生，並逐漸地將奈良佛教納入自己的佛教思想體系之內。

最澄是一位求道者、宗教家，一生的心血全灌注於天台宗，一生爲天台宗之哲理奉獻，是爲了信仰、爲了眞理絕不妥協，不惜犧牲一切的聖賢人物。

而空海多才多藝，不僅是一位求道的宗教家，同時也是日本有史以來罕見的全能大天才。空海精通日、漢、梵三文，詩文驚震當時的長安，墨筆又是日本古今無雙，繪畫長於「曼荼羅」，對日本的水利工程等社會事業貢獻極大；又創立了日本最初的私人大學「綜藝種智院」，日本各地弘法大師的奇蹟，傳說已超過五百處，也可以說是文學家、語文學家、教育家、藝術家、思想家、政治家，是一位超人也是一位完人。

日本諾貝爾物理學獎得獎人湯川秀樹博士，曾稱讚空海超越亞里斯多德與達文西，是人類史上無法類比的超人。

空海的後半生，不但深受嗜好藝術而又浪漫的嵯峨天皇所愛，又集宗教界與民衆的敬仰於一身。空海的死，也是按照自己所預期的「入定」而留下《遺告二十五箇條》。日本和尙的「死」均爲「入滅」，只是空海被稱爲「入定」。而在高野山的密宗聖地永生，至今日本還到處出現弘法大師的「奇蹟」傳說。

最澄在苦難之中，結束了他的一生，留下尙未完成的佛教哲理。可是對最澄來說，他的死並不是生命的結束而是出發。日本佛教由天台出發，由淨土、淨土眞宗、臨濟宗、曹洞禪宗、日蓮法華宗、鎌倉佛教所繼承。未成的天台宗身後高僧輩出，被稱爲日本佛教的「淵叢」。

可是空海一門，一千多年來，不出分派也不出高僧。因爲空海之學是一自我完成的密教體系，後世已不再有人能超越這樣的完美體系。最澄終其有生之年，也從未超過這一位十全十美的超人——空海。死後未完的大業，才在超時空的領域，成爲超越空海的存在。

●嚮往十全與忌避十全

台灣人在日常生活上，素來喜歡爲人處事圓滿，德行力求完美完善，並以完人做爲修身養性的人生目標。

可是日本人在日常的生活中，很難看到這種追求十全十美的習慣。日本人以往對獨眼的、白痴的、殘障的小孩並不歧視，而視爲「寶貝」。在信仰上也崇拜獨脚的、獨眼的或破相的神。日本人對任何事物，並不徹底追求至善至美。每餐也不太贊成吃到「滿腹」，平常教導小孩「吃飯八分飽」，對於過分的幸福也常認爲是不吉利的預兆。

他們在建築房子時也特別將棟樑故意刻上刀痕，留下瑕疵。寺廟的龍柱有昇龍也有降龍，並不獨雕昇龍，在色彩方面也有忌諱純白的風俗。自八〇年代以來，台灣每年平均有四十萬人到日本旅遊，至少有一半去過日光東照宮——德川家康的靈廟。日光東照宮的建築是日本美術雕刻的代表作，入本殿之門是聞名的「陽明門」，它的十二根門柱之中有一根花紋是故意倒立的。在精神的世界中，人工絕不能同神工競豔，陽明門的雕刻爲了避免與上天比美，其中的一根門柱故意倒立，用以避邪。如果在台灣，當然建築是力求左右對稱而十全十美。

清掃庭園之後，又再度搖動幾下庭樹，讓落葉自然地點綴地面。這是日本自茶道大師千利休以來的傳統審美觀。因爲園地太清潔了會失去自然美，所以自然的環境絕不可能有一塵不染的人工景象。

以上所舉的這些風俗，僅是日本傳統價值觀的一部分，也可以看出日本人在日常生活中並不喜歡十全十美的「完美」主義。有缺才有盈，這是自然之理，小中有大，醜中有美，至善之境也只有從萬惡之中才能去領會。在日常生活的「民俗」裡，也時常能找出拒絕完美的思考方式或價值意識。

德國的社會學家韋伯（Max Weber, 1864～1920）將一般人的社會行動模式分成四種類型：目的合理的、價值合理的、傳統的、感情的四種類型。這四種類型當然不是單一的，而是極其微妙而又複雜的相互交錯；並不僅是社會行動的類型，也是代表社會價值的類型變數（pattern variables）。

人的價值判斷，到底是要以現在的感情，或以未來的結果作爲考慮？在社會上，到底要以自身的利害或對社會可能產生的後果爲考慮？對此，而有以下的四個最基本的判斷基準：

㈠若以現在爲中心，感情爲本位時，是以「美」爲最高價值而受「觀賞」所支配。

㈡若以未來爲中心，理性爲本位時，是以「眞」爲終極價值而受「認識」所支配。

㈢若以自我爲中心時，是以「幸福」爲最終價值而受「欲求」所支配。

㈣若以社會爲中心時，是以「善」爲最高價值而受「規範」所支配。

由於歷史文化的不同，世界各民族、各社會集團所追求的最高價值也各異。大體說來，日本人求「美」，西洋人求「眞」，而漢人偏向求「善」。當然，有時不只追求至「善」至「美」，甚至既追求「幸福」而又追求「眞、善、美」的。

●欠缺「不滿」與「悲劇」的精神風土

在一神教的社會，十全十美僅屬於唯一的絕對神所有，被神所創出的凡人絕不可能有十全十美的。事實上，在多神教的社會，連二千年歷史以上的中華帝國也僅出現了一位滿州人的十全老人——乾隆皇帝而已。

北朝鮮的金日成政府，不但是選舉，甚至連議會，無論什麼建議或政策性決定，經常都是全場一致，百分之一百的贊成通過。這一現象是北朝鮮人民政府的特色，也是世界聞名的

「奇聞」。雖然，在台灣「全體起立贊成」、「全場一致通過」也不見得是「奇聞」，可是信仰唯一神的猶太人社會，在議會如果沒有反對意見，「全場一致」、「百分之百贊成」是無效的。因爲「絕對」、「萬能」、「十全」僅屬於神之所有，「全場一致」、「十全十美」對於人世間來說是危險的，時常會帶來不幸。

西洋的社會因爲有萬能的、十全十美的絕對神存在，所以人世間的凡夫在面對唯一的神時，會萌生了「不完整」的自覺。可是在漢文化的傳統中，時常將抽象的「神」人格化，而創出了不少聖人：有詩聖也有書聖。可是自從有了聖人出現以後，後人當然就無法超越聖賢。自從有了至聖以後，頂多只能有亞聖，以後超越前人的可能就被斷絕了。當完人或聖人出現了以後，社會就開始走下坡；詩聖出現了，詩開始走下坡；書聖出現了，書法開治走下坡；十全老人乾隆帝出現了，清王朝自此走向沒落而衰亡。

有了不完整的自覺，才會產生彌補缺陷的動機，才會有前進的機會。

日本人以東夷海島的一小國，在短短的一百多年間，即使是歷經無條件投降的敗戰，依然能東山再起，成爲經濟的超級大國，原因不少。可能在日本民族的精神史或深層心理中，甚至在日常的生活習慣中，一直存在著認同不完整的意識。這種認同不完整的意識，不斷地成爲民族向前的衝力與動機。

在全體主義文化的風土中成長的台灣人，往往以為「步調一致」、「全民一心一意」是理想的社會規範。日常生活中，玩麻將期待「清一色」，吃料理希望「大碗滿墘」，服務態度「包君滿意」。不但在日常生活的世界，連抽象世界的文學小說或戲劇也喜歡「破鏡重圓」、「大團圓」。因為在傳統上深受漢文化的影響，人生獨喜歡以悲劇始喜劇終、離始合終、困始享終的大團圓場面。

在全體主義的社會結構與完璧主義的精神風土強烈影響下，台灣人不但在現實的社會生活中缺乏追求「不完整」與「不滿」的價值意識，連精神生活的抽象世界都欠缺「悲劇」的精神。

欠缺「不滿」或「悲劇」的精神對台灣社會是危險的，也是不幸的。

第8講　「忠孝」的奴隸學

●四維八德是奴隸的倫理

記得在日治時代，前輩們進小學後都要背「教育勅語」，筆者在進小學前也暗誦過。「教育勅語」與「國父遺囑」不同，是學校道德教育的基本思想。戰後台灣新的外來統治者代之以中國式的道德教育，「四維八德」成爲共同的校訓。

四維八德的道德規範，給於古代中國的奴隸社會，成於春秋戰國時代的封建社會，是獨裁專制的精神風土所培育出來的統治階級倫理，也是強求被統治者永遠奴隸化的道德。

當以「禮制」治國的周王朝逐漸衰敗後，以天命爲依據的「德」受到批判，以天爲中心的宗教世界觀，也次第的轉移到以人際爲中心的倫理世界觀，這一文明世俗化的現象導致民族社會共同體的秩序原理——「禮」的崩潰。孔子繼承了傳統的「禮」，創出了「仁」，爲了對抗諸子百家的新思潮新創了「義」，又以「君臣有義，父子有親，夫婦有別，長幼有序，朋友有信」五倫作爲社會秩序的道德規範。儒家重家族協調的意識，以身分的上下關係爲家族道德的規範；爲了維持中央集權的專制體制，漢武帝時，董仲舒的〈賢良對策〉獨尊儒家，家天下的家族道德才得以體制化。

社會道德、倫理思想是社會發展階段中的產物，也是統治階級意識形態的反映。倫理道德經常隨著歷史環境的變化而生成、發展、變質或死滅。只要你能認眞嚴密的從法律的、政治的、經濟的、宗教的，或個人的、家族的、社會的、國家的道德觀去思考，必然會領悟到四維八德的非道德性、非國民性以及其內含著強烈的封建性，而到處呈現其奴隸道德的本質。以四維八德作爲超歷史的、超階級的、永遠普遍的道德眞理是非常的不健康，也不道德。

倫理思想的實踐，以人的行爲規範作前提，且離不開政治與社會動向規範。雖然如此，西洋的倫理思想經常是哲學體系的一環；可是中國的倫理思想因缺乏哲學的基礎，幾乎都與當時的政治思想與社會思想直接接合，可說是專制政治的時代產物。所以到了近代，「三綱五常」、「四維八德」的倫理思想也隨著中華帝國的動搖、崩潰而被批判或淸算。

太平天國的倫理思想基於基督教的博愛、平等精神，將階級統治的不平等倫理——「忠」

修改為忠於上帝、忠於國家、忠於元首。民國以降，以自由、平等、博愛的西歐民主主義倫理作為立國的原理，民初終於廢止儒家道德教育。中國的知識分子自漢武帝時代獨尊儒家以來，歷經二千年，到了五四運動時代才開始有道德的自覺而喊起打倒孔家店。

袁世凱為了對抗民主主義的思潮而推行讀經尊孔。蔣介石為了對抗社會主義的思想而推行復古的新生活運動與四維八德，卻獨斷的將四維八德的「禮」解釋為「規規矩矩的態度」或「嚴嚴整整的紀律」，「義」是「正正當當的行為」或「慷慷慨慨的犧牲」……，樹立其軍事的、戰鬥的倫理規範及全體主義的道德思想，至此倫理道德成為統治體制的產物。今日台灣的道德教育是典型的外來統治者強求治下土著「規規矩矩的態度」的奴化教育、奴隸教育。為了維持外來的專制獨裁統治，四維八德如同袁世凱的尊孔讀經運動，同出一轍。

●忠孝是縱的奴隸倫理

四維八德是儒家道德思想體系的支柱，是形而上的規範主義德目，絕不是用來如何來分辨善惡道德的倫理原則。如能了解這一點是很重要的。「忠孝」是規定上下主從關係的德目，只有義務沒有權利的服從思想。「仁愛」是對抗博愛倫理的主觀的、恣意的階級主義德目。「信義」是維持封建體制君臣間既成秩序與約束的倫理。「和平」是完全忽視現存不平等的社會現況，否定改革式變動，肯定支配搾取的永久化來維持現狀的思想。四維八德是內在的、精神的，奉侍現存體制的道德力，與外在政治權力互為表裏的非物理性的精神支配力。

四維八德中以忠孝為首，是維持封建體制的道德價值體系的支柱。忠、孝並不是約束君臣、主從、親子之間的權利與義務關係，而是規定臣對君，從對主，子對親，下對上單方的絕對服從與奉侍的關係。只有義務沒有權利，只有服從沒有異議的單向倫理。

當然，絕對服從的對象絕不問是暴虐之君、殘虐之主還是頑固之親。僅問下對上的服從與義務，不問上對下的倫理規範。

漢人是以人際為中心，以實利為主義的民族，所以社會的倫理規範是以個人或最親近的家族為中心課題：道德問題是君臣、父子、夫婦為中心的個人對個人的利己規範，缺乏利他的精神。忠孝的道德在實踐上，也是利己主義的，個人中心的。

這一點日本曹洞宗的開山祖名僧道元和尚很早就明確的指出：「佛祖菩薩不擇時所，和衆生立於同一境地，僅致力於救濟衆生；孔教之說無此存在。」一語道破。

忠是屬於「公」的倫理，孝是屬於「私」的倫理。漢人自古即知忠孝難兩全，而又不得不鼓吹忠孝的倫理，於是同時強調孝為最高的道德律，一切以孝道為先。可是日本文明的支柱是「武」，以武為理論基礎，所以「公」的倫理比「私」的優先，忠比孝優先。武的倫理與忠的倫理結合，成爲日本精神架構的基本原理。西洋人的loyalty雖與忠義同義，其基本原理是以封建領主與騎士間經濟上的give&take關係爲基盤，發展成爲武士道與騎士道的精神。

印度人沒有單方的、縱式的「孝」的倫理，親子之間的倫理規範是愛。不是絕對的而是相對的。印度人沒有「孝」而有「戒」(sila)。佛敎有五戒之說，不同於漢人的五倫之德目。可是漢譯佛典強行將「戒」翻譯成單方服從倫理的「孝順」，連不可說謊都被譯爲「孝順」，簡直是篡改經典，牛頭不對馬嘴。原始佛典中，主奴之間的義務關係規定主人對奴僕有「五仕」，奴僕對主人有「五愛」，這是漢人所沒有的倫理。以一般倫理的規範來說，大都主張奴僕應奉侍主人，主人應愛護奴僕。原始佛典中主張上對下是「敬」、「仕」的崇高宗敎精神。而儒敎德目則完全相反，特別是忠孝僅有下對上的義務規範，所以若以漢人的價值觀來看印度佛敎的倫理觀就變成本末倒置。漢譯佛典就不得不將上對下的「敬」與「仕」，譯成主人對僮僕的「敎授」五事。「敬」、「仕」變成了「敎授」。

中國佛敎不滿佛典中沒有漢人最崇高的家族倫理的「孝、悌」，終於僞作〈父母恩重經〉與〈大報父母恩重經〉各一卷聊以自慰。宋儒反佛，怕出家絕子絕孫，邵雍稱「佛氏棄父子之道，豈自然之理」。印度人僅於在生之時奉侍，尊敬親尊而已，死後即依在生的善惡行爲各奔地獄或天界；故不如漢人在生孝順父母，死後還被祖先支配。

●忠孝的脫軌狂奔

筆者小時喜歡圍觀路邊打拳賣膏藥的談天說皇帝。吳猛飼蚊、孟宗哭竹的二十四孝故事也是從路邊所得的知識。這些不但荒唐無稽、又違反基本人權與民法的虐待狂與愚民愚話，公然成爲社會風行的德目，可見漢民族的列祖列宗既不理智、也不聰明、更無道德。更荒誕的是，殉死的忠臣、賣身葬父的孝女成爲忠孝的典範。忠孝不但支配了人的一生，死後還繼續糾纏不已。由於忠臣義士、孝子貞婦被史冊大大的標榜也造成了很多的歷史悲劇。

由於忠孝的道德本身是絕對的，而不是相對的，是單方的而不是相互的規範，所以缺乏行爲約束力，忠孝一旦狂奔，就會決堤無法制止，而造成更荒唐的愚舉。五四運動時，中國的知識分子大喊打倒孔家店時，「吃人的禮教」（吳虞〈喫人與禮教〉）也是被譴責的問題之一。

《戰國策》中樂羊將軍爲了實現忠義而吃愛子。《三國志》中，武將臧洪爲了實現忠義而吃了東武陽的城民。《唐書》中的張巡也爲了對部隊盡忠吃了睢陽城的二、三萬城民。五代的姚洪，宋代的劉銳、牛富也是爲了忠義而吃人飲血。明代安邦彥之亂時，貴陽城民十餘萬戶被忠義道德吃得僅剩下二百人。

爲了盡孝而吃人則更加變本加厲。割股療親已不在話下，人肝人腦都成爲盡孝的特效藥。

宋代以後爲了鼓勵孝順父母，吃人飲血風行全中國，吃內臟與人腦更成一大社會風氣。按筆者統計，唐代以後正史中出現了近百名的孝順吃人名士，留芳千古。諸史的孝義、烈女傳簡直成爲強調孝順父母的吃人名士錄。

中國自唐代以後，流行吃人。最初，政府也經常鼓勵吃人，爲了孝順父母，能分享自己的血肉就成爲大忠大孝。可是自唐以後，爲了忠孝而鼓勵吃人的問題一直成爲政治與法律上的爭執。到了梁太祖時代，皇上已聽厭了某某孝子、貞婦如何如何吃人的美談，才下旨今後如有切指割股之件，可不必上奏。約七百年後的《元典章》（一二六六年）孝行之部中始明文規定「割肝挖眼」，不必表彰。可是半世紀後依《事林廣記》所載，政府又再開始鼓勵孝順吃人。吃孝子血肉的父母，政府特賜每人絹五疋，羊一頭，田一頃以示表揚，有時可得地方首長的接見或天子的謁見。明太祖時因忠孝吃人而授官位的不少。《明律》與《清律》人命之部雖然有「取生人臟腑、毀損人體者凌遲處死」的規定，可是按《大清律例集要》所載，違反此例者不絕，可見忠孝吃人的盛行。

吃人的忠孝雖然是極端的史例，可是讀者可以從極端的彼岸，明確的看出沒有約束力的單方向倫理規範，是如何的容易脫軌狂奔。單向的實踐倫理本身在原理上就缺乏自我的約束力，爲達目的不擇手段是必然的因果。四維八德是愚民的奴隸倫理，與民主主義的價值體系是完全背道而馳的。若未能發覺四維八德是愚民的、奴化的道德本質，你僅不過是一個觀念的民主主義運動者。不將「漢文化」傳統的殘渣掃出校門，台灣的子弟永遠不能得救，更不要談出頭天。

想要出頭天的台灣人，不必要如何如何的來實踐奴隸的倫理，需要的是如何樹立做主人的價值觀。

第9講　「死」的美學

●文化來自「死」的省思

「生者必滅」是自然的原理。宇宙萬物從來沒有不死之生，所以，有生之旅的終站必然是死。

「沒有死的省思，就沒有文化。」這一說法在台灣人之中，不一定能得到大多數人的贊同，可是綜觀世界文化或文明的誕生，確實大都來自死的省思。如何面對死的恐怖與威脅，是自古以來人類最大的課題之一。而如何凝視或應付死所產生的價值觀，正是文化或文明的特質。人類的歷史在一定時空與物質環境之中，不斷地面對死而存在，而產生宗教、誕生文化與文明。

西洋人在日常的意識之中，面對死的省思，匯合而成爲西洋文化的底流。對缺乏「死」的省思的人，經常被看成不誠實的；只追求悅樂的人則被看成傲慢的。

佛教文化是經常在面對死亡威脅的生活中，所產生的追求死後世界的來世思想；基督教文化與回教文化也是追求死後世界的思想；儒家思想對死後的世界因爲缺乏想像力，所以在「不知生，焉知死」的貧困思想下，醉心於現世的倫理道德。

莎士比亞小說中，有十四場「生與死」的劇本，成爲感人肺腑的世界文學；法國文學家巴爾札克小說中，有二十一場的自殺；俄國文豪杜斯妥也夫斯基的小說中也有十三個人自殺。「生與死」所交織的愛，經常成爲文學的名作。

●文化不同，生死觀也各異

台灣人在傳統上深受佛教文化的影響，與基督教薰陶下的西洋人的生死觀自然各異。西洋人意識中的生與死相關，可是死與生無關。生者有死，可是死後如何？並沒有更深入的探求。西洋人沒有佛教「生死一如」——「生即死，死即生」的想法。

基督教重要的節日之一——復活節，來自肯定生的思想。其乃從罪的報酬——死，經過「信」而得復生的思想。所得到的是永久的「生」，而不是「再生」。

可是佛教文化認爲「有生必有死，有形之物必有滅」。在這一「諦觀」思想下，覺得現世無常。佛教的「無常觀」，內含人的無常與自然的無常，將人的死、生相對化；「佛」則經常與無常的現世衆生同悲，在無常、無盡、無窮的現世中，由「死」而得到解脫。

佛教可以說是從死開始的宗教，而基督教則是從生出發的宗教。

所以佛教稱死爲「往生」，也就是說離開現世，前往他界而再生，同時也是一種「輪迴」的思想。對佛教徒來說，因爲靈魂可以轉世，所以死不僅只有一次，若按「輪迴」的法則，人可以生生死死、死死生生而不斷地輪迴再生。這一點與基督教文化的「人生只有一次」，對死又有嚴厲的「最後的審判」，顯然有所不同。

西洋的「神」是唯一「非人格」而又抽象的「絕對」存在，不但支配現世，又支配死後的世界。《舊約聖經》〈創世紀〉中創造天地之神，雖然日夜創造萬物，可是「神」到底是什麼？並未解說。「神」就是神，是抽象的、絕對的，自人至萬物，皆由神所創造。具體之上有抽象，抽象支配具體。因此西洋的形而上學、倫理的思考體系，不從具體的世界提昇至抽象的次元，就無法理解「存在」的意義。

日本《古事記》中之「神」，與西洋的神（God）不同。在佛教傳入日本以前，日本人所信仰的是「生」的現世宗教，而沒有完整的形而上學或神學體系。因爲信仰的對象是「生」，所以神被設定在「生」的領域中，如「蘆葦之芽」是從地上萌芽而生，而不是由自然所創造的。又有如植物之榮枯，「生與死」是連綿不斷的，冬去春來，春去冬來而生生不絕。

由於日本人的意識中缺少西洋「絕對神」的存在，對哲學或形而上學的思索也不拿手，所以維持日本人際關係與社會道德的精神支柱，既不是神學，也不是哲學，而是「美學」。佛教的「諸行無常」思想，很容易被日本肯定「生」的現世思想所接受，而成爲日常生活中的價值體系。繼而發展成爲觀察自然的美學，在日本文化中生根。

台灣人同古代日本人一樣，也是信仰「生」的現世宗教，在道教的強烈影響下，對「生」無限的慾望與「生」的無限延長，發展成爲「神仙學」的體系。

●切腹文化的樣式

數年前台北市議會有某議員爲表示「淸白」，曾在議堂舉刀發誓願「切腹自殺」。這一幕世界議會史上罕見的精彩演出一時成爲新聞。

「神風」、「玉碎」、「切腹」是聞名世界的日本人「死的象徵」。對日本人來說，這是一種「死」的美學，代表日本人的生死觀。「切腹」的衝擊對台灣人影響最深的，可能是明治天皇駕崩時切腹殉死的乃木希典將軍夫婦，與七〇年代切腹的日本戰後最具影響力的小說家三島由紀夫。此外，赤穗浪士與會津少年白虎隊的集體切腹也是聞名而感人的。

封建時代的日本武士階級的位階是第五級（中國的五品以上），享有被「賜死」的特權，可以在家「切腹自殺」。可是五級以下的階級無權自殺，必須由執刑人處死。所以武士階級爲了確保「賜死」的特權，保持體面，或在戰場被迫到了山窮水盡之時，均不願被敵人所殺，而常以切腹自殺來保持清譽。自殺與被殺，在死後的名譽上可以說是天差地別。

在日本史上最初切腹自殺的是《播磨國風土記》一書中，女神——「淡海之神」的切腹自殺。事實上，切腹是到了十二世紀源平兩族抗爭時代才開始發達的文化。開始切腹風氣的武士是鎮西八郎源爲朝（一一三九～一一七〇年）。

切腹的流派很多。以短刀插入左腹，向右一線切開，拔出短刀以後，再度插進心窩往下腹切開的方式稱爲「十文字切」。這是源義經部下的佐藤忠信自殺時所開發的切法，而成爲「十文字流」的開山祖。此外還有一文字切、二文字切、三文字切、圓型流等各流，開宗授徒，盛極一時而成爲日本自殺「美學」的主流。

可是切腹同刎頸不同，人不會馬上死亡，特別是抽出腸肚以後痛苦難忍，必須由劍術高手一刀斷首，這一儀式稱爲「介首」。

按切腹的體位而分，有坐切與立切，立切以在戰場居多。

非出自本人意願的叫「詰腹」，詰腹之中，由於不實之罪被命切腹的叫「無念腹」。出於義憤而切腹的叫「憤腹」。替部下代罪的切腹叫「引責切腹」或「犧牲切腹」。因死諫而切腹的叫「諫死切腹」。在主人切腹以前先行切腹的叫「先腹」，追隨主人殉死的切腹叫「後腹」或「追腹」。追腹可分三種：報答主恩的稱「義腹」；爲保持自己的面目與名譽的稱「論腹」；爲了全族將來的報酬與出路，在利害得失計算下所決定的切腹稱「商腹」。所以「追腹」不一定是出於忠義之舉，有時也少不了商業性的算盤。

至於台北市議會的發誓要切腹的演出，在日本切腹文化中尚找不出適當的用語，也許可以稱爲「誓腹」。

按新渡戶稻造（日幣五千円人物，曾任職台灣總督府）所著《武士道》一書中所稱，人的靈魂被認爲存於腹中，這是切腹文化的原點。武士道聖典之一的《葉隱》一書中曾指出武士的終極目標是求死，這是武士道的精神象徵。

●台灣人「死」的超越

日本小說家中有不少選擇「自殺」來達成他們所追求的死。諾貝爾文學獎作家川端康成即是其中的一位。

除了「切腹」的方式以外，死的樣式還很多。比如一九五四年，一年之內就有九百多人跳進阿蘇火山口。不久以前，十七歲少女歌星岡田有希子跳樓自殺還不及三個月，同情自殺的少女就有九十多人。

爲什麼有這麼多人選擇「自殺」來完成人生必將到來的死？在日本，「死」與其說是哲學或宗教的問題，不如說是美學的問題。

台灣俗語之中有「什麼都通學，單單死不通學」，可是學死並不僅限於日本古代的武士，古埃及的世界文化中心亞歷山大已開設有傳授自殺的特別學校。古羅馬自基督教神學者奧古斯丁，引用《舊約聖經》否定自殺以後，「自殺」始成爲天主教徒的禁忌。人生因屬於神之所有，所以沒有「自殺」之權。

追求死相之美的日本武士，在戰場或敗逃時，最忌諱飽食，因爲隨時隨地有被砍頭的危險。如果飽食後，萬一不幸被殺，未消化的食物會同鮮血從頸部切口噴出，而污染了美麗的鮮血。可是中國士卒在上戰場前喜歡塡飽肚子，萬一時可以當「飽鬼」。當然，台灣人也認爲死後做「飫鬼」不如做「飽鬼」。所以後代「作忌」不時辦「齊臊」(che chao)。

台灣人所追求的「善終」或「正寢」的場所是家中的床上，而忌諱「死路旁」、「死半路」、「坎糞箕」、「坎草蓆」，而以浩浩蕩蕩的葬式行列、宏巍的陵墓建築來誇耀死者的榮光與後代的財富。

在日本，經常有上司由於部下出問題而「引責自殺」，比如不久前大阪府警被發現有警察收「紅包」，大阪府警最高的負責人本部長，因監督不力馬上引責自殺，向納稅的國民謝罪。如果在台灣，頂多是在不得已時，上司命令「依法嚴辦」而已。有時警察因刑求而殺人時，也會主張死者是「畏罪自殺」。當然這種面對「死」所產生的不同反應方式與價值觀，是屬於文化層次的問題。

鄭南榕的自焚，對整個台灣社會來說是一次空前的衝擊，使我聯想到的是，日本近代史上織田信長在本能寺的自焚。「本能寺之變」造就了豐臣秀吉的統一天下，成爲德川幕府三百年政權的基礎。

現在絕大多數的台灣知識分子的世界觀是現世的，內在的絕對價值並不存在。個人的價值觀經常超越所屬集團的價值。

台灣有史以來，有殉情的死，也有佛教思想中「解脫」的死，有人爲人情義理而死，也有人爲小集團的防衛而死。雖然，這幾種「死」並不屬於台灣人所共有的死，但都不類似鄭南榕的自焚。

鄭南榕的自焚在台灣史上是劃時代的，在台灣人的精神史上也是一次巨大的轉捩點。

鄭南榕的自焚，不但帶來台灣人死的省思，也否定了台灣人「不通學死」的傳統價值觀。詹益樺的自焚不但已走進「生死如一」的境界，更在超越自我意識之中，找出面對死的勇氣與方法。

民進黨的領導階層中，曾有人指責「自焚」不可當作一種路線。但是「自焚」不是「政治路線」，但是「自焚」是「死」的樣式，有如十二世紀日本源平時代武士的切腹，是自我面對的死的省思，也是台灣人精神文化的昇華。

第10講 「生」的神仙學

●現世的生與來世的再生

「不死」可能是人類共有的慾望之一。在宗教上大都追求「死後的生」，基督教有「復活」或「天國」的再生思想，佛教也有「輪迴轉世」的再生思想，再生的理論根據來自靈魂不滅之說。可是「不死」不是「再生」，而是「永生」。

靈魂不死的「信仰」，在西方自蘇格拉底、柏拉圖以來，這一「不死」的問題，已不是「死」的問題，而是「死後」的問題。可是死後的問題無法用科學來證實，所以成爲宗教的問題。

存在哲學的大家海德格（Martin Heidegger）認爲「死是生的終止」，也可以說「生是面臨死的存在」。可是沙特（Sartre）認爲「人有生，人有死」、「人至死是生」，而在其巨著《存在與虛無》之中，主張「死寧可說是一個偶然的事實」，並認爲「死不存在於任何自我的主觀之中」。

日本人的祖靈信仰大都僅止於三代以前的祖先，更早的祖先則成爲集團的靈魂，這一點同朝鮮人、漢人重視「族譜」有所不同。一般的日本人大都不知道上三代的祖先名字。

日本人一般通稱「死者」爲「佛」。在日本人的意識中，不論敵我、善惡，或身分的高低，而認爲人死皆成佛，家族佛壇上的神位日語也叫「佛樣」。按《菊花與劍》的作者露絲・貝內迪克德之所述，除了日本以外，沒有一個佛教國家如此。

靖國神社就是合祀明治維新時代戰死的政府軍與幕府軍，同時也合祀太平洋戰爭中戰死的台灣軍。這種「敵我皆成佛」，而合祀於同一墓地的日本人之生死觀是世界罕見的。

「敵我皆成佛」的日本文化與漢文化全然不同，漢文化對敵人是世世代代永不寬容的。人至死不但要「蓋棺論定」，有時甚至還要鞭屍或「食其肉、寢其皮」。

儒教是現世的思想，對生與死缺乏省思，也可以說是漢文化的弱點之一。連身爲教主的孔子都「不知生，焉知死」。所以一方面主張祭祀鬼神，一方面「敬鬼神而遠之」。因爲缺乏鬼神的精神依託，所以不得不追求現世的倫理道德。

傳統漢文化是現世主義的，所以重處世與養生。「生」是生命的無限延長，所以追求長生不老，而產生了神仙思想。神仙思想是世界其他民族所罕見的，西洋有「天國」，可是沒有神仙的世界，即使是受漢文化影響最深的日本人也缺乏神仙思想。

漢文化追求神仙而產生了道教。道教雖受佛教強烈的影響，可是與追求來世的佛教不同，道教是追求現世的幸福與長生不老的宗教，是以「福、祿、壽」爲中心的現世利益信仰。在台灣人的生活觀中，道教比佛教影響更深。

道教以神仙爲中心，內含易、陰陽、五行、卜筮、占星、詛咒、預言、消災解禍、祈禱儀式、保長壽、禁忌、招魂、除妖、符仔等各種方術與咒術。道教禁忌與佛教戒律混合，並模仿佛教，有五戒，甚至百八十戒，也模仿了佛教的組織。

台灣的鬼神信仰、仙人憧憬、現世享樂，大都來自道教，也可以說是台灣傳統庶民文化之一。

●現世與來世的構造

日本在佛教文化傳入以前，與漢人社會一樣，生死觀念是現世的。可是自高僧法然的淨土思想盛行以來，對「死」的觀念產生了巨大的變化。由於「捨身往生」的信仰流行，而開始嚮往極樂世界。

佛教淨土思想認爲生是不淨、汚穢、邪惡的，死是不淨的淨化、穢惡的消除。進入死門並不是進入鬼門，而是由現世的穢土進入清淨的樂土，並自動的消除一切現世的罪惡。「死」可以解脫現世的一切煩惱，而進入無憂無愁的極樂世界。日本死的美學也是來自佛教的淨土宗。

日本武士道的「切腹的美學」由《平家物語》一書中，描寫戰敗的武士，視死如歸的爭先進入死後的淨土，而影響日本人的生死觀念。自《平家物語》一書廣泛的流傳以後，日漸形成日本人「死的美學」。死從此也自「倫理」的世界中走進「美」的世界。

台灣佛教大都禪宗、淨土宗不分，和尙朝禪暮淨，一面坐禪，一面念阿彌陀佛。台灣民間並未受淨土宗思想的強烈影響，道教與佛教的界線也不分明，葬式旣請師公也請和尙並不稀奇。

道教的宇宙觀中，對天地之形成認爲本來天地混沌、無形無色無味，稱爲太初、混沌或太道。「道」爲萬物之根源，合而成氣，分而成天地。淸爲天，濁爲地，每隔三千六百億萬年天地分合一次。天地相隔九萬里，地中之柱爲崑崙山，由此分東西南北。崑崙之上有九天，各有天宮而浮於太空之上。天上有三萬六千神，管理人與萬物，積功德者昇天，依功德而分住於各天。崑崙山下有九地，九地之下有風、水，其下更有地獄，鬼神住於其間。

佛教分天地爲「欲、色、無色」三界：欲界有六、色界十六、無色界四，合計爲二十六天，認爲凡夫生死往來於三界。道教不但盜用佛教思想將二十六天列入三界之中，爲了表示道教高於佛教，更在三界之外，追加八層「天」，稱爲三十六「天」。

佛教的「極樂」淨土與道教的「仙界」不同，是無性的。道教的仙界有男的呂洞賓，也有女的何仙姑，是充滿色慾、食慾的享樂世界。所以要享受酒池肉林的快樂，當然要到道教的仙界。而道教的仙界與人界，事實上並沒有明確的界線，仙人可以來往於人界與仙界，有時如《搜神記》中所寫的，人沿松樹一直向上爬，不知不覺中就到了仙界。

道教思想認爲人可以不死成仙而直達仙界，可是基督教要等到死後經過最後的審判才能到天國。佛教也是必經死而到地獄，按「因果報應」的原理，等閻羅王審判後才能轉生。日本人同台灣人一樣信仰閻羅王主宰陰間，可是只有一位閻羅王；台灣的閻羅王特別多，有頭殿秦廣王、二殿楚江王、三殿宋帝王、四殿五官王、五殿森羅王、六殿卞城王、七殿泰山王、八殿都市王、九殿平等王、十殿轉輪王，有時十殿不夠，多至十八殿閻羅王。筆者曾經被日本朋友問及台灣爲什麼閻羅王要那麼多，一時不知如何作答，僅說：「大概是下地獄的人特別多，一位不夠。」

現在的台灣社會不但現世充滿物慾的享樂，對死人也是「糊紙厝」，作忌時替公媽辦「齊臊」，迎送神大拜拜大家「吃齊臊」。西方的死者靈魂被神召回天國後，在神之旁安息，不必再為現世之人操心或負任何責任。

德國的社會學家韋伯曾指出，「祖先崇拜」與「死者崇拜」在本質上不同，「死者崇拜」是來世的信仰，而「祖先崇拜」是以「祖先之靈來保祐現世子孫」的現世信仰。「死者崇拜」關心來世，「祖先崇拜」信仰現世。

祖先崇拜強化漢族社會家父長支配的制度，得以長期維持團結，可是死者崇拜的埃及很早就失去民族的團結；死者崇拜的埃及，對死後的世界有詳盡的述描，祖先崇拜的中國缺乏來世的想像力，僅在《禮記》中述及「人死，魂昇天，魄入地」而已，缺乏「天國」與「地獄」的構想。

●充滿特務監視的人界與仙界

追求長生不老的仙術，依筆者的分析，大約可以歸納為化學、物理、倫理三種仙術。辟穀、服餌、調息、導引、房中五術之中的辟穀、服餌二術是屬於化學的方法。辟穀是不食五穀而專食草根、木實、松實、松脂、菊花、菖蒲，或食雲霞成仙的方法。而服餌是服食丹砂等等各種金石、金丹、仙丹成仙的方法。

物理的方法是各種的調息、導引、房中之術等等修行的方法。房中術本來是仙術之一，後來變成了閨房之術。各種仙術之中，最簡單的成仙之法是吞食仙丹。葛洪的《抱朴子》中就有數十種丹方，並用來證明仙人的存在。可是煉丹需要服餌、調息、房中諸術。有機緣的人只要吞食一粒仙丹即能成仙。吞服丹藥不但可以「有病治病」，又能成仙，這是代表漢文化吃的萬能主義思想。

筆者所指的第三種成仙的方法是倫理的，也就是積善、積德的方法。最具體的是「功過格」。「功過格」分功格與過律，各注加減點數。比如：救友百功，殺人百過，一年之中不吃牛肉、狗肉五功，出版一本邪書五十過，夜間裸起一過，酒醉五過，一生不接二色千功，一次招賭十過，不犯下女一位百功……。如此這般，每日行爲均記入功過，每月一小計、每年一總計，依點數多少而給予生命的長短，功越多、壽命越長，要成地仙必須要有三百善，要成天仙要有千二百善。並依各人功德而分配於各仙界，活於欲界者壽億萬年，色界者壽億萬年，無色界者億億萬年。最高的仙界是大羅天，最高位的神仙是住於玄都玉京的元始天尊，教化一切。

南斗星主生，北斗星主死，所以要延年益壽必須向司命之神北斗拜託，可以稱爲仙界的司法調查局長。當然，可以拜託的不只北斗，三台、玄天上帝、南極老人也都是仙界的情報局長、保安局長。

佈滿凡間、專門監視凡人犯法、逆倫的特務，最近常被稱爲「抓耙仔」之神的是各家各戶的竈神與藏在各人體內的「三尸」，特別是「三尸」，每到庚申之日，夜半就脫出人體，向天上打小報告。除了「竈神」、「三尸」、以外，各人的「三魂」、「七魄」也經常向上天告密。至於神仙界到底有沒有「知情不報」之罪，正待「神仙學」學界做一更深入的研究。

漢文化所支配的社會，如果不被監視，人就無法行善，所以，不但人間界充滿特務監視，連精神依託的神仙界都佈滿特務。當然這是現實社會的精神反應，至於從倫理道德的實踐中可以得到長生的思想，在世界各民族中，可能獨一無二。

台灣民間自古以來，雖然也流傳著不少「仙話」、「仙故」。「做仙」、「成仙」終究還是永遠難求的「無限之生」的慾望，也是永遠的理想。永遠難以實現的理想，在人間的現實社會中，往往容易被減低或喪失其存在的價值。在台灣人的價值意識中，「假仙」、「話仙」、「騙仙」、「王祿仔仙」、「蚤雞仔仙」、「唬難仙」、「雞歸仔仙」……的出現，正是神仙的傳統權威開始動搖並面臨挑戰的象徵。

第11講 「見羞」的美容學

●恥的文化與罪的文化

美國的人類學者貝內迪克德(Ruth Benedict)在《菊花與劍》(*The Chrysanthemum and the Sword*)一書中，從文化人類學的立場，將世界文化分成西方的「罪的文化」(guilt culture)與東方的「恥的文化」(shame culture)。也就是說世上一旦有不如意或不善之處，立即將其原因歸於「罪」意識的文化圈與感到羞「恥」的文化圈。

一般來說，人的行動規範，可以分成來自內在的與外在的。罪的文化是基於內在的罪的自覺而從善；相反的，恥的文化是基於外在的強制力而行善。罪的文化被認爲是內在的制裁(internal sanction)，而恥的文化是外在的制裁(external sanction)。

可是精神分析學者皮亞斯（Piers）卻認爲罪與恥皆屬於內在的制裁。因爲恥的意識是極爲主觀的。要理解恥，必須從自我的主體內去了解。

自佛洛依德精神分析學以來，以「超自我」（super-ego）的概念來分析罪的意識之生效、發遂，有很大的研究成果。可是對於恥的意識分析尙不多見。

按皮亞斯的主張，「超自我」與「罪」有深切的關聯，而「自我理想」（ego-ideal）同恥有密切的關聯性。

「罪」是由「自我」與「超自我」之間的緊張關係所產生的，而恥是「自我」與「自我理想」之間的緊張關係所生成的。也可以說，「罪」是侵犯了「超自我」的境界所生成的，而恥是自我未能達成「自我理想」的目標時所產生之意識。

衡量罪與恥的價值基準不同。按森口兼二氏所指出，罪是基於「善惡價值的基準」，而恥是基於「優劣價值的基準」來決定的。

《論語》論「恥」之語甚多，可是論「罪」僅提三次而已，並且與「天罰」並論。孔子認爲政治權力與刑罰難以引導民衆行善。因爲民衆的本性僅想鑽法律漏洞，對自己的惡行並無羞惡之心。

相反的，若以道德或禮儀來引導民衆，自然會有善惡之心，而走向正途。

孔子所指罪之意識，則是面對國家權力的刑罰所產生的外在強制力，也是一種恐怖意識。而恥是內在的道德意識。

可是貝內迪克德所指罪的意識，則是面對神的懲罰時所產生的一種內在宗教省察。孔子僅將罪的意識與法律刑罰結合，自然失去宗教意識，同時也失去道德意識。

「恥」與「罪」的意識，雖然都能規範人的社會行爲，可是按貝內迪克德的說法，罪的意識比恥的意識更有內在化的傾向，所以罪比恥的意識在社會倫理上較有約束力，較有積極性，層次也較高。

西洋的價値觀重點大都放在個人的自律性與獨立性。自己能從內面自我控制，因而養成自律自覺的人格。

因此，由他人的想法、別人的看法從外面來規範自我行動所形成之他律的、強制的價値觀，被看成是低賤的意識。所以西洋人將恥的文化看成比罪的文化層次更低。

可是也有人認爲罪的意識是行動的規範，而恥的意義是志向「理想自我」的動力，是富有生產性的，爲了怕被人恥笑而奮發自強。可是罪僅及於消極的自我規範之行動而已。

因爲罪的意義是內在的，所以即使沒有被人看見，內心也會有罪惡感。可是恥是外在的、有人在時才能產生外在的強制力，所以被看成是被動的。因此罪的文化被看成比恥的文化道德意識更高。

可是這一種想法僅存在於恥的意識一直是由外在的力量所促成的假設下所得來的結論。當恥的意識是由內心所激發而產生之時，人也時常會「問心有愧」。

罪的意識也不見得都是來自內心的。因爲「罪與罰」的關係密切，經常怕被處罰而避開罪惡，所以對「罪」的意識之產生來說，「罰」是相當於恥的外在強制力量，也可以說是外在的道德規制。

●「見羞」的文化是如何形成的？

「恥」在台灣被稱爲「見羞」或「見笑」。愛面子的人「驚見羞」，不愛面子的人「未見羞」。「見羞」是事先預想周圍的人，將以哪種眼光來看自己，而以這種暗自的預想作爲前提，來調整自我的行動，以免被人恥笑。

當自己的行動乖離社會規範時，雖然不受法律的制裁，可是會受到「被人恥笑」的制裁。如何來避免被人恥笑，正是「見羞」文化的本質。當自己覺得無臉見人時，恥的意識這時就發揮了其本來的功能而來規制人的行爲。

「見羞」並不是普遍性的價值觀，而是由周圍的眼睛來決定的一種情況倫理，是由傳統社會長期所培育出來的感情。在衆目圍睹的情況下，如何保持自己的面子或尊嚴，可以說是「見羞」文化的本質。

如果說西方人的「罪」是怕神的眼睛，而東方人的「恥」，應該說是怕人的眼睛來監視自己。

貝內迪克德所指的「恥」是指「對他人批評的反應」，人在人前被嘲笑、被拒絕，或自認爲被嘲笑而感到羞恥。

可是日本的社會學者作田啓一認爲日本人的「恥」，並不僅是在人前被人嘲笑所感覺到的「見羞」而已，在人前被褒獎時，有時也會感覺到「無地自容」或「待不下去」的「見羞」。以往日本大阪的商人在交易的契約當中經常寫上「決不違約，萬一違約，願受衆人恥笑」。這種契約意識，正是日本「恥的文化」的象徵之一。

可是在恥的文化圈中，恥的意識最早發達的應該首推台灣人。可能大部分的台灣人都看過，母親抱著尚未能說話的嬰兒時，經常玩那「羞！羞！羞！未見笑」的兒戲。也可以說台灣人「恥」的教育與意識的形成先於語言。

「見羞」的價值基準，來自優劣的觀念。由他人的注視而感到「見羞」，是因爲不願將內心密藏的劣性顯露在光天化日之下。可是優劣的價值基準經常因自己所屬的集團不同而異。

文人認爲「書中自有黃金屋」，可是商人看來不值三文錢。「老賊」集團的羞恥心同台灣小市民也不一樣，可能人老皮厚，而已成爲老不「羞」。

一般來說，台灣的女人較男人「驚見羞」，囝仔較大人「驚見羞」，外來人比在地人「未見羞」。西方文化被稱爲「罪」的文化，並不意味著西方人缺乏「恥」的意識而大家都「眞未見羞」。有了罪的文化在社會道德的層次上，也不見得像貝內迪克德所稱的，罪比恥的文化層次高。

印度人對「罪」與「恥」的意識並不太關心，最關心的是「煩惱」與「解脫」。因爲人的慾望無窮，因此不斷地帶來「煩惱」。如何「解脫」？實在比「罪與恥」更重要，所以佛教思想在於追求煩惱的解脫。在台灣，「解脫」有時被看成「找死路」。

●無恥近乎勇

在「恥」的文化圈內，規定人的思考與行動的道德原理，並不是面對「神」的良心，而是面對「人」的羞恥心。所以只要「未見羞」即能抬得起頭，只要能逃避世人的眼睛，自己內心即能自安。

在台灣坐火車「走車」、「走票」，只要沒有被抓到就不犯法，不被看到就不覺得「見羞」。

可是在歐洲，坐火車沒有剪票的出入口，查票也不常見，雖然「走票」僅是「天知、地知、我知、有時你也知」，可是面對神，內心還是常受譴責。所以有時不得不自動繳清鐵道公司的車票錢，被稱爲「良心錢」(consience money)

恥的意識同「義理」與「名聲」也有密切的關係。人常以欠缺義理爲恥，同名聲結合而發展成爲「名譽」。

可是名譽心是自我內在的抱負，或理想與自我的行動不相符合時，對自己的行爲即使無人在場也會產生的罪惡感。楊震的四知「天知、地知、我知、汝知」也是來自這一罪惡感。

恥的意識常有兩面。當自己受到善意或羨慕的眼光所注視時，自然地面現驕容，或面露光彩。台灣人有時將這種名譽心更加發展成爲虛榮心而達到「展風神」的境地。可是除了由宗教信仰來克服虛榮心的人，或對自己的虛榮心感到嘔吐的人以外，能寫出虛榮心到底是什麼東西的文學家幾乎沒有。

可是當自己被惡意或譴責的眼光所注視時，會覺得「無面見人」。從失去「面子」，甚至擴大到「無臉見天下」。當然自覺有何面目面對天下的，當上自任爲「明星級」的大人物居多。

「見羞」的意識在本質上是「人視」而非「神視」的倫理，也是一種情況倫理。所以被譴責或被惡意的視線所注視時，會感到「見羞」。當然人最敏感的是「臉部」，所以被衆目所睹或萬夫所指時立即成爲「面子」問題而會覺得「面紅」。老羞成怒時常演化爲「耳赤」。

中國人自古「面子」意識即已非常發達，戰國時代就經常出現「有何面目見××」。楚霸王兵敗走至烏江時，也是因「無臉見江東父老」而自刎。

「面子」也是很早就出現於《舊唐書》，而「體面」也出現於《紅樓夢》或《水滸傳》。以往林語堂曾經寫過，中國人的「面子」是無法翻譯，也無法定義的東西！若將「面子」同西洋的「名譽」混同，是可悲的誤解。

「面子」與「名譽」或「自矜」有點不同，是在意識上考慮到對方，按對方的好惡意向或價值基準來評考、來計算自己在對方的眼中到底值多少錢。萬一自己不如意，對方將如何來看待。在這一前提之下所產生的問題可以說是面子問題。

「面子」是眼睛可以看到的，可是當無法目睹現場時，往往會發展成爲「名聲」。凡夫一旦成爲「名人」或「明星」越難目睹，因此「名氣」越大，「名聲」也越被尊重，而成爲正比。

在「恥」的文化圈內，「面」雖然受到重視，可是在台灣，比「面」更高貴的是「身」。比如台灣歌謠〈酒家女〉中，唱出「阮是賣面無賣身」。可見台灣人的價值觀中「身」比「面」貴重。

孟子認爲「羞惡之心是義之端」，認爲「恥」的意識將可發展成爲「義」之德，因而主張

「知恥近乎勇」。事實上，「恥」的生成與「勇」沒有什麼必然的關係。筆者的想法剛好同孟子相反，而認爲「無恥近乎勇」。

爲什麼人一無恥——「未見羞」——就勇氣百倍呢？因爲人一喪失羞恥心，就顧不了「面子」，隨著也失去罪惡感。人一失去羞恥心與罪惡感，自然的認爲「見羞嘸死，慣習著好」而「面厚心黑」。一旦「面厚心黑」，必然就「天不怕，地不怕」。所以說，「無恥近乎勇」。

可是「驚見羞」的人，自然愛面子而經常考慮或顧慮到如何來美容或甚至整容，來美化自己的面目。所以即使不天天叫喊「禮義廉恥」，也會在良知上產生「恥」的意識，而成爲台灣人的美德。

第12講　「恩情」的經濟學

●恩情的需求與供應是加減乘除的算術

讀過《三國演義》的人，可能還記得「赤壁之戰」大敗後的曹操，逃走到華容道，遇上守將關雲長時的一段小故事。當時：

曹操縱馬向前，欠身謂雲長曰：

「將軍別來無恙？」

雲長亦欠身答曰：

「關某奉軍師將令，等候丞相多時。」

操曰：

「曹操兵敗勢危，到此無路，望將軍以昔日之情為重。」

雲長曰：

「昔日關某雖蒙丞相厚恩，然已斬顏良，誅文醜，解白馬之危，以奉報矣。今日之事，豈敢以私廢公？」

操曰：

「五關斬將之時，還能記否？大丈夫以信義為重。將軍深明《春秋》，豈不知庾公之斯追子濯孺子之事乎？」

雲長是個義重如山之人，想起當時曹操的恩義，與後來五關斬將之事，又見曹軍皆欲垂淚，越發心中不忍。

關雲長智商雖然不高，可是算來算去，二人之間施恩與報恩的次數加減乘除演算結果，關雲長被夏侯惇追趕時，曹操曾經命令張遼阻止追殺。雲長就只有這一次的恩情尚未還清。重恩義的關雲長既然在以一還一的恩義算術公理下，尚未還清，終於不得不「公私不分」，而以私廢公放走曹操。

華容道上關羽（雲長）放走曹操，本來應屬諸葛亮用將不明的過失。明知關羽人重恩義，有可能會放走曹操而故意命關羽守華容道。可是羅貫中寫《三國演義》時，用「天命也」一句話，將一流軍師諸葛亮的用將不明草草帶過。

曹操與關羽的個人恩義是屬於私情，關羽守華容道是屬公事。關羽因私廢公，很少受到後人的譴責，反而因重私人的恩義，而備受後人感動，共鳴，而成爲恩義的象徵，被立祠爲神。

今日台灣的關廟也是香火不絕。可見恩義的贈送與報答，施恩與報恩，不但有如加減乘除的算術，在漢文化圈的倫理規範中，私恩有時更高於公義。

●恩情主義是支撐封建社會的意識型態

本來施恩與報恩，是封建社會規定上下關係的恩情主義思想或意識型態。封建社會的上下關係欠缺恩情，就無法成立。

當然，恩情並不是封建社會的律令，而是封建社會的倫理規範。

漢文化的精華——四維八德或五倫、五常的仁義禮智信中沒有「恩」的德目，雖有「以德報德」或「以德報怨」的報應思想，可是缺乏佛教的因果報應。

台灣人的「恩情」或「恩義」價值意識，可能主要來自佛教。特別是天地之恩、國王之恩、父母之恩、衆生之恩的「四恩」，或「輪廻」、「因果報應」也可能是來自佛教。

「恩情」的思想，並不僅在台灣、日本、朝鮮、中國、印度……，還普遍存在於東方國家。如果稱西方社會是「原罪文化」的社會，那麼欠缺「原罪文化」的東方社會，可稱爲「原恩文化」的社會。當然，西洋封建社會的上下關係，並非沒有恩情主義的存在。只是東方的恩情主義是屬於倫理的規範，西方的恩情主義較接近經濟學的需求與供應（demand and supply）關係。

可是恩義關係不同於「契約」關係，也不是法律上的權利與義務。施恩者得不到回報時，蒙受恩惠者，實不必負起任何法律責任。僅是倫理上的「譴責」而已，所謂「忘恩負義」就是這個意思。

在整個恩的價值體系之中，從父母之恩至天地、衆生之恩，不但範圍廣，內容也無所不包。比如說「飲水思源」或「謝天謝地」，也是報答天地之恩的一種方式。

而且，施恩與報恩的行爲，不但存在於人的社會，連人與動物之間也不乏「報恩」的故事，而且幾乎世界各國都有，東方社會特別多。可是人對鳥獸或昆蟲所施的恩惠，並不一定要得到「因果報應」，僅是屬於內心的安慰，或來自「勸善懲惡」的傳統教育而已。

比如日本的寓言中，浦島太郎因救了一隻在海邊被頑童虐待的海龜，而得到遊龍宮的「報恩」。

可是由於時代的變化，人與動物、或動物之間的施恩與報恩童話，已日漸失去了對孩童的說服力。比如小羊下跪吃奶，經常被解釋成爲「孝順父母」或「報答父母養育」之恩。可是這種解釋，有時連對幼稚園的孩童也缺乏說服力。因爲小孩子經過自己的觀察與思考，會發現如果小羊前脚不下跪，在物理上是很難吃到母奶。所以當父母被小孩一反駁時，會頓時啞口無言。

反正動物報恩的寓言，僅是用來強調，連動物都能「感恩圖報」，又何況是萬物之靈的人？

「恩」同「仇」是互爲表裡的對應概念。在漢字文化圈內，「恩將仇報」是「負」的價值，而「以德報怨」是「正」的價值。可是在回教文化圈內，「以眼還眼、以牙還牙」是「正」的價值，「以德報怨」是「負」的價值。基督教文化圈內「唾面自乾」是「正」的價值，甚至左臉被打了一掌，順便奉送右臉。

現在台灣的「老賊」，大都認爲台灣今日的經濟成就是他們的功勞、恩惠，所以台灣人必須「感恩圖報」。而台灣人卻認爲，「吃了四十年的台灣米」，理應飲水思源。

可見恩情主義一提昇到「政治的層次」時，就越難明確的畫淸施恩者與報恩者的界線。又由於各文化圈各有不同的價值觀，所以當恩情主義一旦離開傳統的精神風土時，往往容易引起激烈的文化摩擦。

●恩情主義的地基是因果報應的思想

台灣的俗諺中，經常可以聽到「天網恢恢，疏而不漏」或「善有善報，惡有惡報，不是不報，時候未到」。這種因果報應的思想，可說是佛教信仰中主要的宗教觀之一。

中國古代，在「恩怨」「善惡」的報答、報復想法中，道家思想與儒家思想也有明顯的對立。儒家反對道家的「以德報怨」，認爲以怨報怨則民有所懲，以德報德則民有所勸。所以與回教思想的「以牙還牙」類似，採用以怨報怨、以德報德來達成勸善懲惡的效果。恩仇應如何來回報，對思想家、宗教家來說是一大爭論的課題。

施恩本來是以憐憫、施惠的心情，而自發的施捨。由一方的善意施捨來滿足自己的良心、享受施恩的喜悅。所以施恩僅成立於自我的內心，並不是來自外在的強制。這可能是屬於「良心」的問題，而不是「權利與義務」的問題。所以期待對方的報恩，可以說是一種墮落。比如日本與中國一九七二年締結外交條約時，台灣各大小傳播媒體連日大寫特寫日本人「忘恩負義」，忘記了「蔣總統」偉大的「以德報怨」的感召，台灣的文人墨客將這種「以德報怨」看成是一種期待對方回報的「施恩」，本身是一種良心的墮落。

一般來說，施恩本來是「無償」的良心，不能強求對方回報。

在台灣社會裡，平時「恩情」是比「人情義理」對「回報」的要求高。「人情義理」只要「回敬」即可結帳。可是當「恩重如山、情深似海」時，「恩情」已無法像「人情義理」可以草草結帳。因此不得不背負著如山似海的「恩義」，而失去人的自由。

恩情與自由有密切的關係，當恩情由「小惠」擴大到「恩情似海」而至無限大時，報恩的行爲已非人力所能及。人的一生被恩義所牽制而失去自由，終成恩義的奴隷。也可以說恩情越大，越難回報而失去自由。

所以，恩情社會的文化同自由社會的文化是誓不兩立的。自由意識很難在恩情社會中存在。

在「恩情文化」所孕育的社會裡，如何將縱橫交錯的施恩與報恩加減乘除等於零，是一個非常重要的處世哲學，也可以說是擺脫「恩情文化」的支配，而步入「自由社會」的第一階段。

當人力已無法拒絕「恩情」或解答「恩義」的難題時，往往以「忽視」或將「特殊化」的恩情「普遍化」，而求出恩情主義的數學公式：「恩×〇」。這一數學公式是實存（存在）主義（existentialism）者所發現的。由於這一數學公式的發現，實存主義者在恩恩怨怨、因果報應的世界中，發現了自我，而得到了眞實的自由。

　　可是，如果台灣人克服了「原恩主義」文化的拘束，會不會一時社會大亂？或不用法律，而以「恩惠」代替法律，到底台灣將會變成怎麼樣的一個社會？今後有待各方面專家再作深入的研究與思索。

第13講 「你知道我是誰」的揣摩學

●一個必須知道「他是誰」的社會

按照筆者個人的生活經驗，台灣社會比起日本社會較富有「戰鬥性」或「打鬥性」。在日本將近三十年來，很少看到打架或對罵。可是在台灣一出門，就有如四面八方皆被敵人所包圍。

最近的台灣人激情、好鬥，也可以說是民風強悍，這是一種民族的衝力，也是社會充滿活力的泉源，又可能是數十年來台灣歷史文化的產物。

按郭雨新老先生的說法，台灣社會為人處事的優先順序是依情、依理、依法。即使是依法也是「大案聽命令，中案看錢，小案依法照辦」，所以說台灣是「人治社會」。

既然是人治社會，台灣人又激情、好鬥，那麼在台灣社會生活、生存，知道對方「他是誰」是很重要的求生與求存之道。

「你知道我是誰？」

這句話頗具威力與壓力的理由也是來自這一社會背景。這句極富戰鬥性的語言，不但用「國語」發音，連用台語發音的「你知影我是誰」也不失其威力，可讓對手認爲自己有高深莫測的功力。

在日本的日常生活中，「你知道我是誰」這句話並不吃香，也不具威力。因爲法律之前，人人平等，爲人處事一視同仁。

可是在台灣是因人而異的社會，三教九流，社會各階層角頭人物，各有其不明文的規範，而各自形成一股無形的社會力。

在這一股無形的社會力所支配的小市民社會中，台灣人的價值意識自然而然，不得不以各種不同的價值基準，因人而異的來衡量對方，來規制自我的行動，來適應因人而異的台灣社會。

●台灣警察的言行是台灣文化水平的象徵

以下兩個新聞花邊小故事，是筆者從一九七二年的剪報中找出來的。

台北市警局中山分局警備隊長周某，晚間酒醉後，身著便裝在中山北路一段某理容院與按摩小姐發生糾葛而醉鬧桃花宮，演成全版大武行。

據傳，由於周隊長因打電話而與接待小姐發生爭吵，周隊長一怒之下，賞了小姐一記耳光，並怒喝：

「你知道我是誰？」

在場十多位按摩小姐因其氣勢凌人，便粉拳綉腿群起圍攻。周隊長猛虎敵不過猴群，遂「敗」倒石榴裙下。隊長在盛怒之餘，心有不甘，就召來幾名部下，進軍理容院興師問罪。事情鬧開，各界均表重視云云。

另一個警察小故事也來自同年的《中國時報》。

高雄港務局所屬四名警官於（四月）十九日下午在鳳山鎮鳳仙酒家買醉後，乃相約再找其他酒家去換換酒女口味。叫了一部計程車到高雄市內兜轉了一圈後，找不到一家滿意的，就轉回鳳山東寶酒家。但是下計程車後，四人互相推來推去，不肯付錢。其中一人被推得光火，乃掏出警察證件讓司機知道「他是誰」！

果然，司機自認倒楣，知難而退。

接著四名警察怒氣沖沖的進了東寶酒家，大聲吆喝，要酒女排隊點名，嚇得群鶯亂飛。廚房師傅因走避不及，被打了一記耳光，此外桌椅玻璃花盆，亦被弄碎。圍睹群衆達數百人。

據云有關單位正在調查，警局已證實此事無訛，但表示在案情不明前，暫時不能公佈云云。

台灣不但警察多，權力又大，可以說是無所不管。其權力有時可以說是遠跨日本的天皇或首相。比如以前甚至可以干涉到私人的留「長髮」或所謂「奇裝異服」。對私人表現自由的干涉，這一點是連日本的首相權力也望塵莫及的。因爲在憲法的保障下，人人有表現的自由。

從台灣到日本來觀光的客人，有時坐了一天車子都看不到一位警察，這時會驚訝的問起：

「日本的警察都到哪裡去了？」

台灣是世界聞名的警察國家，到外國看不到警察會感到不尋常。可是日本的觀光客到台灣旅行後，常會問起，台北街頭警察那麼多，到底是幹什麼的？

事實上，日本警察的全國動員能力才達三萬人左右。在台灣只要上方命令一下，一呼萬應，動員能力當不僅如此數目。

日本的警察除了保護區內居民的安全外，還有兩個主要的工作：讓人「問路」與「借錢」。政府也撥出這筆「借錢」的經費開支。以前曾經發生過有位大學生專靠向警察借錢生活。一年之中在各處派出所借了三百多次，才被發現所塡寫借錢理由不實。

日本警察抓到嫌疑犯做筆錄時，第一句話是「在憲法保障下，你有沉默權。對你不利的可以不必答」。這一點同台灣警察的連打帶踢、屈打成招的傳統作風有天壤之別。

在台灣日治時代時，日本警察雖兇，可是非常高潔，特別在山地的駐地警察，可以說是典型的父母官，有時爲了爭取管區內的福利，向台灣總督府力爭不得而自殺殉職的也有，這就是爲什麼日治時代的日本學校教員與鄉下的警察，時至將近半世紀後的今日，還經常受到台灣人懷念之故。

本來殖民地「奴化教育」的執行人應該是這些日本的教員與警察，這一點是値得台灣人再作深入研究與探討的地方。

警察與居民關係密切，警察日常的言行也密切的反應地方住民的價値意識。此外，台灣警察的「常識」水準也代表台灣人的文化水準。

●「你知道我是誰」是人治社會的代用語

下面兩個小故事是「老賊」的花邊新聞，而不是警察的花邊新聞。

話說一九六七年二月二十日深夜，在台北市中華路「美林」酒吧內，國大代表海玉祥與王姓商人兩人正喝得高興時，突然驚聞鄰座四位年輕人大唱「日本歌」。國代一怒之下，不分青紅皀白的打了隔鄰青年一記耳光，而在酒吧內醉演鐵公雞。頓時酒場成戰場。

警察聞訊趕來取締時，國代立即出示身分，並大罵立即立正敬禮的警官說：「他們唱日本歌，你們怎麼都不管。」有如啞巴吃黃蓮的警官在追問下，才知道四名青年是韓國留台學生，而他們唱的是韓國民謠。

國代不解日語，誤將韓曲當和歌。

在這一小故事發生的二年前，有一位國代拿了一件公文到內政部收發組，要求辦事人員提前掛號，立即送給主辦單位。但因他桌上已有很多文件，依照規定必須按照先後順序辦理，故未予照辦。

國代老羞成怒，喝道：

「你知道我是誰！」

「不知道。」

「我是國大代表!!」

因爲對方是國大代表，所以爲人處事也不得不網開一面。特權優先，小市民排後。

比這些花邊新聞年代更早，筆者在台灣時，也親自聽過一則某檢察官本人自述的小故事。某夜在台北延平北路某分局前的十字路口，有一輛三輪車撞上了一部大轎車，警員趕來處理小車禍時，先脫下帽子向轎車行了一個大禮，就開始大罵三輪車夫這不是那不是，圍觀的群衆越來越多，擠得十字口水塞不通。

這時剛好從「黑貓酒家」出來的某檢察官也擠在人群中湊熱鬧。他尙未聽完警官訓話之前，因一時酒意中燒，突然破口大罵三輪車夫：

「你這家伙眞不識相，你的車子又不是裝甲車，怎敢撞上轎車。」

圍觀群衆一時拍手叫好。警員一聽這好管閒事的傢伙話中帶刺，很明顯的是「指桑罵槐」。一時怒火冲天，不問青紅皀白，連打帶踢拉進分局內，再遭群警合力修理一番。後來經酒伴聯絡家屬後，警員才發覺所修理的並不是尋常販夫走卒。

這位檢察官只因一句話平白大受警察修理，心有不甘，半夜叫來兩名法警到分局抓違法的警察。

台灣的警察，論武功，雖非個個都是銅頭鐵臂，但是在對付小老百姓方面，身手的高強久負盛名。

因此在短兵相接之前，即使是私服出巡，尋常小市民只要知道「他是誰」，或只看到他那一塊「標旗」若隱若現的一幌，雖不致立即跪地求饒，連呼久仰大名，至少也會知難而退。當然，強中自有強中手，警察若遇上了雞鳴狗盜的「小賊」還可應付自如，但是若遇上了久仰大名的「老賊」，那就無能爲力了。只要「老賊」故弄玄虛的亮一亮底牌，警官雖不致個個像上面所寫的，立即向「老賊」立正敬禮，但至少也會唯唯諾諾，不敢抬頭。

在台灣社會混生活，在摸不清楚對方是什麼來頭以前，性急交手是禁忌。怪不得武俠小說或布袋戲中人物，在互相交手之前，都要按照江湖慣例來個互報大名。

從上面幾件筆者所列舉的小故事中，至少可以做幾種判定：

只要按摩小姐早先知道「他是誰」，就不會被周隊長打了一記耳光。只要理容院的小姐們知道他是警察隊長，就不會粉拳秀腿、群起圍攻。只要國代知道他們是韓國留學生，或有能力辨別日本歌與韓國民謠，亦不致演出醉打鐵公雞。如果某分局警官知道他是檢察官，也會忍氣吞聲，不致因一言兩語怒火中燒。如果某檢察官能事先預知警官不知道「他是誰」，也不致被連打帶踢拉進警局後，又被修理一番。

由此可知，在台灣社會，知道「他是誰」是知己知彼，百戰百勝的不二法門。

當然，有資格向對方怒喝「你知道我是誰」的，從上面幾個小故事看來，當然毫無疑問的，大都是能在台灣社會裡大搖大擺的「德高望衆」的佼佼者。小市民即使勉強怒吼「你知道我是誰！」時也是威力不足。

當「你知道我是誰」這一句話在台灣還能不時發揮威力或嚇阻作用之時，台灣社會還是人治社會。

可是當「你知道我是誰」這句話已日漸地喪失其潛在社會力，而頂多僅在電話中偶而聽到好久不見的友人來句「你知道我是誰」。這時，台灣社會爲人處事的價値基準，才不致因人而異。也只有「你知道我是誰」的威力失靈時，才是克服人治的精神而步入法治社會的第一步。

第14講　「名聲」的銷售學

●「名」的思想在台灣

台灣人寫政論時，普遍都喜歡用筆名。可是一有筆戰，特別是論戰進入高潮時，論戰雙方往往會叫喊：「有種的就把眞名報出來，何必暗地放冷箭！」

記得二十多年前，筆者擔任小小的《台生報》主編時，發生過「台灣民主國」的論戰。當時的當事人吳君用盡一切方法，一定要筆者交出論敵「陳雷公」其人眞名眞姓。筆者一直堅持保密的原則，主張願負一切文責，終於不了了之。這事至今已隔二十幾年，時過境遷。可是除了筆者以外，沒有第二個人知道誰是「陳雷公」。

日本人很重視傳統名稱，不隨便更改地名或人名。反觀中國大陸，文革剛開始時，紅衛兵到處更改地名，連港台影星的江青，也因與四人幫的江青同名同姓，據傳因「羞與爲伍」而聲明改名。

對台灣人來說，改名換姓並不稀奇，就算被迫改名也可忍受。日本統治台灣時已有過一次改名，中國國民黨統治台灣後又改了一次，至今，不分都市或鄉村，到處都有中山路或中正路了。最牽強附會的改名莫過於日本田中角榮首相與中國締結邦交時，台灣的傳播界主張將台灣中部地方的「田中」改名。日本有句俗諺：「憎恨和尚，連袈裟都恨」。

「二二八事件」過後不久，家鄉的岡山鎮上，憲兵隊到各戶搜查日本的「遺毒」。有天下午，兩位憲兵來家搜查，命令家母將所有日文書籍連同用日文寫的日記全部當面燒毀，甚至日式木屐也要用柴刀當面破開焚毀。

不久，級任教師傳達上方命令，強迫帶有日本色彩的名字限期改名。同班同學除了「次郎」、「三郎」以外，筆者的「文雄」也無法過關。

祖父一時曾「企圖」將我這位大孫改名「有仁」，以便長幼有序，依仁、義、禮、智、信的次序，回歸漢文化的傳統命名樣板。可是家母認爲「文男」同「文雄」日語讀法同音，於是就改稱「文男」。一直到了報考中學，才再改稱「文雄」。

當印尼莫洛台島的原日本兵中村輝雄被發現後，他被帶回台灣，下飛機時，才知道已經被賜名「李光輝」。但從此不得出國門一步而老死家鄉。原住民史尼旺的一生，從中村輝雄到李光輝的悲劇，終於成爲日本小說家佐藤愛子的小說題材。

古代人信仰惡靈，怕名字被詛咒，所以除了親人或配偶以外，很少向外人吐露眞名。自北美洲到南美、澳洲以及馬來西亞諸島的原住民，甚至古代埃及人、印度人，大都有兩個名字：眞名或假名，大名或小名，本名或異名。因爲怕被人詛咒，所以眞名皆秘而不宣。

以前的中國人，名以外還有字，比如名「中正」、字「介石」，另名「鄭三發」，是否眞名，不得而知。字是二十歲加冠以後才追加的。日本人至今一到二十歲有成人式，可是台灣人二十歲加冠之禮早已不存在。

原始民族大都懼怕惡靈作祟，所以不敢直稱死者姓名。可是漢人懼怕直呼天子或父上之名而稱「諱」。萬一失口直稱父名或帝名，乃最大的不孝或不敬。所以有如原始民族懼怕惡靈一般，漢人極度忌避父名或帝名。如司馬遷爲了避其父名之諱，在《史記》中連趙世家趙孟談之名也任意的改稱爲趙孟同。王羲之爲了避父名之諱，不得不將「正月」寫成「初月」。杜甫爲了避諱，其詩中不見一個「閑」字。

可是日本人取名時，經常繼承父祖之名，比如豐臣秀吉的兒子豐臣秀賴，德川家康的孫子德川家光，從漢文化的價值基準看來，其實已構成最大的不敬、不孝。

以往台灣人替子孫取名，爲了逃避惡靈的作祟，反而專取不雅的賤名以避邪。比如以陳狗屎、王豬屎、李乞食、林畜生、蔡狗母、鄭和尚作爲乳名。至於台灣人寫文章不用眞名而用筆名，並不是怕惡靈的詛咒，也許是怕惡政的詛咒。惡靈或惡政可能很想探知作者的眞名，可是按照以往知音者的評價，作者並不因使用筆名而令人感到卑怯，魯迅的筆名就是其中一例。

●「名教」是漢文化的宗教意識

孔教重名勝於重實，所以主張推行政治改革必先「正名」，認爲「名正」即能「言順」，也可以說是一種形式主義的思想。因此中國政治改革運動的傳統方式，是以「正名」、「改名」運動爲先。

可是老莊反對「名」的思想，而主張「無名」。莊子認爲「小人以利殉身，君子以名殉身」。佛教思想也是愼戒「名聞利養」，認爲名利會帶來「煩惱」。本來佛教戒色、聲、香、味、觸五慾，明代一如所著《三藏法數》中，以財、色、飲、名、眠爲五慾，愼戒「名聲」之慾。基督教、佛教皆主張禁慾，而老莊主張無慾。孔孟雖稱「食色性也」，但對食色並未給予很高的評價。荀子雖然不像老莊完全否定「名」的思想，可是很貶低名聲的價值，首倡名利之論，不推銷功名。荀子認爲慾望是諸「惡」的根源，所以必須「節慾」，更認爲欺世盜名比強盜更惡劣。

宋儒范仲淹認爲，若不尊重名教，上下失道，善人因而不存。因此，「名」爲聖人治天下之權，天下人若不愛名，聖人會因而失權，無以匡天下。

范仲淹反對老莊的「無名論」，將假借忠孝而求名之徒列入「第三等」人，而將爲非亂作、不愛惜名聲之徒列爲等外，也就是說即使是賣名求榮的僞善者，也遠勝於不愛惜名聲的作姦犯科之徒。

顧炎武《日知錄》〈名教〉一文中，主張爲了壓制「利慾」，必須利用「名聲慾」，他認爲即使是喜愛虛名的僞善之徒，也遠勝於貪圖利益之徒。

儒家思想推行「名」教、名節、功名，而獎勵求名、揚名，因此漢文化並未培育「正義能帶來利益」的思想，而形成「名聲能帶來利益」的觀念。

《孝經》中認爲立身行道，揚名後世，以顯父母，乃「孝之終也」。以揚名後世作爲最高的道德價值，在世界所有的文化經典之中，《孝經》可能是獨一無二的。

漢文化重名分而經常追求大義，認爲「名」先，「實」後，能正名，即能「名副其實」。因此揚名後世成爲至孝之道，一舉成名天下知成爲登龍門之道。重名的思想本來源自原始的咒術，一經儒教思想的鼓吹，至今已成爲漢文化中最富宗教意識的暗流。

胡適認爲「名教是崇拜文字、信仰文字神秘力量的宗教」，馮友蘭認爲「名教是崇拜名詞、崇拜名詞所表示的概念之宗教」，事實上兩者的定義均止於對名教片面之認識。筆者認爲，名教是用以「求名得救」的宗教信仰。

漢文化雖然有天帝與祖先的信仰，卻沒有明確的「主宰世界之神」的存在，對神的恩寵不但不能期待，也不必怕神責罰。漢文化因爲欠缺「來世」的觀念，所以不必像基督徒那樣，要進天國前須先接受最後的審判。在這一精神之下，當然無法培育「罪」的宗教意識。因爲沒有「來世」的觀念，所以今世追求不到的幸福，不得不寄望於「後世」而不是「來世」。

漢文化的「後世」與佛教文化的「來世」不同。後世也是現世，僅是現世的延長而已。日漸世俗化的漢文化，因爲敬鬼神而遠之，所以死後對靈魂的存續既然不能期待，除了求「名」以得到死後的救濟以外，別無他途。

「名」在漢文化中，不僅是「名詞」的記號而已，是實體，也是分身。即使身軀已化爲糞土，但留名後世，仍然死而不滅。死後的名聲也可以補償生前的不幸遭遇。如此千古流芳，對無神也無來世的漢文化圈萬民來說，是唯一救濟之道。因此「名教」是以求名來得救的宗教，也是流芳千古以求「不死」的思想。

●名聲的文化與名譽的文化

德國的社會學家韋伯，曾經分析世界各地各式各樣之封建社會的類型與特徵，指出日本與歐洲封建社會的共通性，並認爲支撐日、歐兩地封建社會的精神基礎是武士或騎士的忠誠心與名譽心。

可是忠誠心與名譽心本來是勢不兩立的精神結構。武士一方面以武道來提高自己的名譽，是突出自我的個人主義的精神；另一方面對主人忠誠、盡職，甚至以殉身來保持最高的忠貞名譽，是否定自我的無我主義的精神。能調和名譽心與忠誠心兩者之間的矛盾，乃至將其發揚光大的，只有日本武士道與西洋的騎士精神。

新渡戶稻造在《武士道》一書中也曾指出：「忠義與名譽是日本武士的中心道德。」韋伯在《儒教與道教》一書中曾指出：「封建社會以名譽作爲倫理精神基礎，家產社會以恭順作爲社會的精神基礎。」中國在秦、漢以前的封建社會也是重名譽的，可是自秦、漢帝國廢封建設郡縣以後的，韋伯稱之爲「家產制國家」。歷代王朝將國家看成私產，君爲父，民爲子，官吏是家產的管理人。在這一精神傳統下，漢字至今稱Nation爲「國家」，即使是到了「民國」，仍然稱孫文爲「國父」。

漢文化社會自封建制發展到家產制國家以來，名譽心也隨著時代推移，而日漸重視恭順心，最後終於培育出「三跪九叩」之禮，極盡侮辱臣下的名譽心，以提高否定自我的恭順、忠誠之心。因此，忠孝成為漢文化社會奴隸之中心德目。

名譽可以說是個人內在的道德，而名聲則是外在的社會意識。且舉一例，如受了酒女的侮辱而打了酒女一個大巴掌，雖然能挽回自己的「面子」，但並不一定能確保自己的名譽。人常常會因失去名譽而感到羞恥，名與恥是經常互為表裏的。

為了確保自己的名譽心，在形式上無論如何必須堅持的是「面目」、「面子」、「體面」、「門面」，以至於「名聲」。「面目」自戰國時代以來即已常用，「體面」常見於《紅樓夢》、《水滸傳》，「面子」的俗語則更早見於《舊唐書》。

「面子」流行於漢文化圈，日語亦稱之為「メンツ」(面子)，用來代替「顔」(カオ)。在台灣也不時因為「失面子」、「無面子」之事，而不顧一切，爭得你死我活。所以，「不給面子」在台灣不但失禮，甚至有失君子之風。

「面子」的有效距離雖然並不僅限於觸目可及的空間，可是一般說來，面目的範圍並不大。當面子無法目睹時，往往會發展成為耳聞的「名聲」。一旦「無名小卒」成為「名人」或「明星」之時，面目便越難目睹。面目的能見度剛好與名聲成反比，因此名氣越大越難目睹。

名聲雖然並不一定是以內在人品爲中心，而面子也不一定是以外在人品爲中心，可是至少面子是以眼睛作爲衡量的價值基準，而名聲却是以耳朶作爲價值尺度的。面子是視覺的文化，而名聲是聽覺的文化。

令筆者百思不解的是，在台語之中，對名聲的評價爲何要用「名聲眞芳」、「臭名聲」，以「芳」「臭」這類動物性的嗅覺來評估「名聲」的好歹，是否來自「流芳千古，遺臭萬年」的語源，筆者尙無從考究。

「愛名聲」在台灣不一定是正的價值，「彼個人眞愛名聲」，也就是說名聲優先不一定能得到好評。可是「彼個人名譽心眞強」卻常常是自尊心強的同義詞。

「名」乃人之所欲也，「利」亦人之所欲也。人的一生，能名利雙收的，到底不多。當二者不能兼得之時，究竟應求名捨利，或應棄名取利，端視其人所持的價值觀。

台灣的知識分子深受儒家重名思想的影響，極重名聲，特別是在大衆傳播日漸發達的時代，打開知名度更是立身處世不可或缺的基本要件。因此，賣名的精彩演出也層出不窮。

儒家思想雖然憎恨僞善，但並不厭惡虛名，甚至認爲只要「名正」即能「言順」，只要名氣大，實利即將隨之而至。即使是虛名，只要名聲的推銷得法得當，即能名利雙收。因此爭名逐利之風此起彼落、風起雲湧。

在今日的台灣，名聲不但能帶來「今世」的利益，即使是流芳千古也能得到「後世」的精神救濟。因此有時爲了要實現「人死留名、虎死留皮」，沽名釣譽之風也極盛行。可是以揚名作爲最高道德的社會，也只有在私德——私的秩序優先於公的秩序之社會才能產生。

「名教」信仰在台灣，近來並不因利益優先的市場經濟而衰退，反而由於大衆傳播的發展，「名教」有如猛虎添翼，而日漸成爲求名即能得利的新興「賣名」之教，這股潮流已風靡全島。

第15講 「打拚」的動力學

●台灣人的打拚與中國人的馬馬虎虎

據一九九一年十月二十九日《朝日新聞》的報導，該年度內中國申請留日的學生中，已證實沒有作假的僅及千人而已，其中有六千人因爲大學或高中的畢業證書一時無法查明是否僞造中，而無法如期入學。

據報導，最近中國大陸留日學生中，僞造畢業證書之風甚盛，且花樣百出，害得日本法務省入國管理局爲了防止中國人僞造各種文書，特別規定所有中國留學生所提出的入學申請書類必須公證。

可是道高一尺，魔高一丈。就連中國政府機構所發出的「公證書類」僞造情形也層出無窮，害得日本公家機構防不勝防，束手無策。

君不知中國人僞造技術的高明舉世無雙，僞造歷史，僞造經典，僞造國寶，僞造證件，僞造名牌商品，甚至連政權都有「僞」字頭的僞××政府、僞××主席。眞僞之爭在中國社會是生生不息、若即若離而又不即不離的「生活必需品」，並不值得大驚小怪。

中國大陸留日學生人數，與年俱增，每年來日人數已超過一萬，約占各國留日學生總數的一半。中國留學生最好的一個共同特色是，只要一踏出國門，就等於「走路」，已經沒有人再想回老家。

筆者這十數年來綜觀中國留日學生與台灣留日學生，發現有幾點完全不同的生活樣式與精神結構。

在守法的精神方面，中國留學生大都不遵守社會法規，喜歡拉關係、走後門。

在工作態度上，中國留學生習性馬馬虎虎，斤斤計較，喜歡偷工減料，對人處事缺乏熱情，懶怠、自私，充分表現了士大夫的寄生性格。

在社會生活上，中國人的行動一直以自我爲中心，不守社會規律與公德，不重視環境衛生，不守時間，不守約束，反面無常。

歷經這十數年來的日中文化交流，日本的企業家以及小市民才發覺，中國人是世界上最好吃懶做的民族，而中國人所到之處，社會問題叢生，紛爭不已。因此最近東京新宿鬧區的風俗營業飲食店已開始出現「中國人不准進來」的字條。租房也大都拒絕租給中國人與養狗的人。

以前上海租界的公園曾有「狗與中國人不准進入」的園規。中國政府常以這種園規來「反帝」、來激發中國民族主義的覺醒與自尊。可是最近對東京新宿鬧區出現「中國人不准進來」的飲食店，也不見中國政府或任何中國人提出抗議。

因爲中國人的好吃懶做，在日本不受歡迎，最近打工、租房子經常碰壁的台灣留學生，爲了自衛，已不再使用「我是中國人」，而強調「我是台灣人」，免遭池魚之殃，這情況已日漸增多。

據一九八五年二月二十七日《讀賣新聞》羅勃・雷賓氏所作的「生活步調」調查報告指出：

守時：日本人居首，其次是美、台、英、意。

走路速度：日本人第一，其次是英、美、義、台。

工作效率：日本名列第一，其次是美、英、台、意。

台灣人在守時、走路速度、工作能力方面，雖然尚無法同日本相比，可是已足以與美國、英國、義大利並駕齊驅。台灣人在守時、工作能力方面，與名列世界末席、馬馬虎虎、暮氣沉沉的中國人大相逕庭，這是近百年來的台灣已日漸形成現代市民社會，台灣人的現代市民意識也日漸成熟的佐證。而支撐台灣現代市民意識的精神基礎，則是數百年來台灣新舊移民社會的「打拚」精神。

●「打拚」是近代台灣的常民倫理

民族的思想、意識、行動，甚至民族性格，都與民族的語言關係密切。不論任何族群，均以自己的語言來思考，以自己的語言來表現，而在語言的交談、對話行動中，形成自己的社會與文化。語言是民族文化要素之一，自然而然的，語言也代表了自己的民族性。

「打拚」的語源來自何處、普及於何時?有待考究。「拚」，在台語中用法甚廣。比如:「拚糞圾」、「拚房間」、「拚生理」、「拚館」、「拚命」、「硬拚」、「大車拚」等等。「拚」可以說是傾全力以赴的主動詞。

「拚」在《漢和大辭典》中，只有「拚棄」、「拚箕」、「拚去」、「拚財」、「拚除」、「拚開」、「拚飛」、「拚命」。沒有「打拚」的用語，只有「打掃」之意的「打拼」而已。「拚」與「拼」在語意有所不同。可見「打拚」的用語，以及「打拚」的ethos（習俗）是自生於台灣的社會。

「打拚」一詞不宜使用北京語或日語發音，也很難用其他外國語翻譯，甚至無法用外語取代的近代台灣語。「打拚」概念內含著忍耐、努力、拚命，是代表台灣人不畏艱難、努力不懈甚至拚命去苦幹的一句甚富衝力的語言。

英語中類似「打拚」的用詞，有hang in there、hold out、hurry、never give up,法語的tiens bon，西班牙語的aguante，德語的aushalten、beharren，雖接近「打拚」，可是概念的內涵與「打拚」不同。

朝鮮語中的「皆已是」類似「打拚」，但是內涵僅止於「發奮」而已。中國語中頂多僅有加油、苦幹、大幹特幹近似「打拚」，但是仍無法正確地解釋「打拚」。

所有的民族語言中，日語中的「頑張る」一語最類似又接近「打拚」，可是拚命之意較弱，僅達無我忘我、努力不懈之境地而已。

台語的「打拚」不是北京語的「加油」，不像汽車他動式的加油或充電，而是如泉水自內部自然湧出的動力；也不是鴕鳥式的「埋頭苦幹」，因爲苦幹不可埋頭，「埋頭苦幹」容易失去明確的目標，成爲奴隸的勞動倫理。

中國人在歷史悠久的社會傳統下，一般來說較缺乏開拓精神，墨守成規，所以社會死氣沈沈。又因缺乏勞動的倫理與主動的動機，所以作事馬馬虎虎、偷工減料。

到了新中國的時代，雖然在「大躍進」與「文革」的狂潮中，大力鼓吹「捉革命，捉生產」，可是並未能改造中國人「好吃懶做」的傳統。因爲中國社會缺乏「打拚」，只要懂得要領、有眼光，專靠拉關係、走後門，即能達成人生的目標。競爭的對象是人，而不是「事」或「物」。

可是台灣人「骨力」「打拚」，即便是做牛做馬，日夜奔波也只自認歹命。最主要的是台灣的社會結構，與中國的社會不同，台灣人的處境要「打拚才會贏」。

●台灣社會近代化的精神基礎

儒家思想中，僅有禮義廉恥、仁義禮智信或忠孝仁愛信義和平，找不出「勤勞」的社會倫理。可知儒家倫理思想不過是統治階級的倫理而已。

韋伯在《新教徒的倫理與資本主義的精神》一書中，曾指出近代西歐資本主義發展的精神基礎是由新教徒鄰人愛的實踐＝勤勞與利潤的追求，也就是說，肯定「勤勞」精神的新教倫理是近代西歐資本主義發達的精神基礎。

日本江戶時代的淨土眞宗主張「自利利他的圓滿之功德」，更認爲「菩薩行即商工業」（《幻幻要集》）。因此，「商人道」代替「武士道」成爲日本近代產業社會發展的精神基礎。

「打拚」是台灣人肯定「勤勞」的正面價值，也是台灣人現代化精神的原點，是台灣人有史以來，開發新天地，刻苦耐勞的鬥志所形成的一種新生的社會倫理。

由於這一常民倫理或俗民道德的肯定與普遍化，成為台灣社會最基本的倫理；也由於這一極通俗又平凡的德目深入民間，廣泛地成為台灣民眾自我形成、自我約束、自我鍛鍊、征服客觀環境的原動力，因而日漸成為台灣社會衝力的泉源，也成為台灣現代產業社會的原動力。

這一「打拚」的倫理精神來自兩個歷史社會條件。台灣的歷史社會，在基本上是農耕社會，也是移民社會。農耕社會的農民，基本上都極富有刻苦耐勞的「勤勞」精神，以「勤勞」作為社會的中心倫理。這種勤勞的精神正是亞洲各地農民最基本的倫理，是屬於泛亞洲農民的基本倫理。

另一個「打拚」精神的根源來自移民社會。移民社會外來的新移民，基本上對未知的世界必須具有開拓新天地的堅忍不拔與冒險的精神。在新的社會條件下，光是農民傳統的埋頭苦幹是不夠的，必須舉頭苦幹，才能應付日新月異的環境變化，以生存於非傳統的社會。

以台灣的社會與大陸的社會來對比，在不同的歷史條件與不同的歷史發展下，台灣社會在傳統漢文化的「仁義禮智信」之外，還獨自形成了「打拚」(phah pian) 的社會倫理。這一「打拚」的倫理精神的普遍化，也成爲非西洋世界近代化、產業化的精神支柱之一。

「打拚」一語除了勤勞精神以外，更富有開創性與戰鬥性的語意，因而成爲台灣人獨特的現代化社會的core personality。

戰後台灣經濟的發展，既不是來自「感受蔣總統反共抗俄、建國復國的偉大號召」，也不是什麼「三民主義模範省」的政治建設，而是來自台灣人「打拚」的倫理精神。這一點只要看看戰後台灣經濟發展的數字，即能一目瞭然。

戰後的台灣，雖然從日本的殖民地統治得到了解放，可是不幸再度淪落爲中國的殖民地。中國政府不但繼承了台灣總督府所有的殖民地遺產，同時比日本殖民地統治更加上了司法獨占權、經濟獨占權以及日本殖民地所沒有的特務政治與恐怖政治。

在經濟上，國民政府不但接收了日本殖民地遺產的所有公營企業，也接收了日本人所有的私營企業。國民政府所得到的殖民地遺產，幾占台灣所有資源的八十％。以金融機構爲主的獨占性產業是日本殖民地時代所望塵莫及的。四〇年代以及五〇年代，台灣官營企業的獨占率並不亞於共產主義國家。

官營企業不但效率低，而且寄生性強，這一點不只存在社會主義國家，在第三世界國家也是常見的現象。

戰後的台灣經濟，因爲國內市場幾乎都被官營企業所獨占，台灣人爲了尋求活路，各中小私營企業突破了政府層層不合理的規制，向海外自尋生活，做牛做馬，打拚外銷，而達成台灣的經濟成長。民間企業的輸出約占九十七%，其中中小企業約占六十～六五%的對外輸出數字就是最大的證明。

台灣人「打拚」的倫理，不但是戰後經濟起飛的原動力，也是百年來台灣人現代化社會建設的精神支柱。

第16講　「罪」的非法學

●法律無法取代正義

義賊廖添丁的傳奇故事，至今在台灣還是「人氣」不衰，家喻戶曉，可見台灣人對正義與法律，還保有獨自的價值觀。

若不以台灣，而以現在日本法院的判例來看，義賊廖添丁所犯的法律應以竊盜罪、住宅侵入罪、脅迫恐嚇罪、建造物和器物毀損罪、武器準備集合罪，騷亂社會罪、暴力行為現行犯等等起訴、判刑。若在現在的台灣應加上觸犯「國安法」，送土城看守所。

義賊廖添丁雖然犯案累累，可是因為是「義賊」，所以深受台灣民間的愛戴。筆者小學時代也喜歡看新劇的廖添丁。

當然不僅是廖添丁，二二八事件時被虐殺的王添灯，反日、反清、反荷的余清芳、朱一貴、郭懷一這些草莽好漢，叛亂分子，異議分子也同樣受到台灣民衆的愛戴，而被視爲民族英雄。

義賊，草莽豪傑，不惜以身家性命爲賭注，作科犯法，反對外來的統治者。這種情形不僅限於台灣，世界各國也都如此。

由此可知法律並不一定能維持正義，反而有時爲了維持正義而不得不犯法。在這一矛盾上，恩仇記、復仇記的小說備受歡迎、喝采，理由也在此。何況台灣的法律，自憲法至刑法、民法，是奉侍外來統治者的法，也是未經人民所認同的法。至少在這一雙重的「立法」性格上，現行台灣統治者的「私黨」之法，更難維持台灣社會的「正義」。

近代化的社會也可以說是世俗化的社會。由於社會的世俗化，以往拘束人民大衆的「禁慾」、「無慾」、「節慾」等等宗教思想或倫理規範也日漸退潮，而經濟思想隨著慾望的高漲而發展。

一般來說，近代社會的慾望大於理性與人情，所以人情或理性必須壓制慾望，社會才能成立。

法是人爲的、反自然的、虛構的。雖說如此，但對於在自然狀態中無法生存的人來說卻是必要的，必須經由法來規制人無限的慾望，而保持社會的秩序。因此法一經化粧立即成爲「義務」，而慾望被承認了以後就變成「權利」。

喜歡大談「正義」或「大義」的人，多多少少有否定法的重要性的傾向，至少有捨棄法這個觀念意識的傾向。

在人的社會生活中，正義很重要，秩序也很重要。對既得利益的人來說，要如何來維持既成的社會階級秩序更重要，所以肯定秩序的人大都追求社會安定。因此，台灣的既得利益集團也天天大喊安定，甚至大喊中共「狼來了」來嚇阻企圖變動安定秩序的勢力，用以維持利益的安定。追求安定的人，大都肯定或容易接受任何法律的規制。甚至認爲「惡法也是法」而成爲法律至上主義者。

正義與法律大都不能兩立。可是正義又很難代替法律，法律也無法代替正義。正義與法律是另一回事。一般來說，能使正義同法律兩全其美的人，大都在實現正義之後才來接受法律的制裁。但是，這種人需要有更多的責任感與勇氣。可是對台灣人來說，否定現行台灣統治者的法律，同時也是維持「台灣社會」的正義。

●罪的意識是文化的私生子

罪的意識大致有三：違反法律的犯罪意識，違背道德規範的罪惡意識，以及觸犯或冒瀆宗教戒律的罪業意識。

犯法必須受法律的制裁，背德有內在的罪惡感，易受良心的呵責，違戒、背教也有應得的神罰。

罪的意識源自傳統文化的風土，反應民族的性格。

佛教思想認爲罪是違背佛「法」(dharma) 的行爲。觸犯戒律的行爲會招來「未來苦」的惡果。比如犯「五逆罪」(害父母，害阿羅漢，出佛身血，破和合僧，誹謗正法)，要下「無間地獄」。佛教所謂「五惡」或「十惡」(殺生、偷盜、邪淫、妄語、兩舌、惡口、綺語、貪慾、瞋恚、邪見)，基本上同基督教的「七大罪」(Seven deadly sins) 一樣，是違反道德規範，而不是違反法律。

淨土宗的思想認爲「人本來是有罪的存在」。在這一自覺之下誕生了極樂與地獄的「他界觀」和輪迴的「報應」思想。淨土宗自印度經中國而傳至日本後，再由親鸞上人再度發揚光大而成淨土眞宗。

親鸞認爲人在本質上是罪惡深重的凡夫，不可得救的存在。然而可以用懺悔與善知識(師)

來誘導，由阿彌陀佛的「他力本願」而得救（《歎異抄》）。親鸞上人的「罪的得救」理論，事實上極類似基督教的罪原思想。

基督教的罪的意識範圍甚廣，自生理的穢、弱、病、死，至徬徨、犯科行動，甚至於違反神意的高層次精神現象皆稱之為「罪」。因此基督教的罪惡觀，無法以「善惡」的價值基準去衡量，而且與倫理道德也是兩回事。

聖徒保羅在《給羅馬人的書信》（第五章）中，將「罪」區分為律法之前的罪，律法之下的罪，恩惠之下的罪。

德國哲學家康德認為道德與宗教在形式上雖然有異，可是在內容上相同，並沒有明確區別道德的惡和宗教的罪。

一般來說，中國人與希臘人一樣，欠缺根本惡的觀念和罪的意識。中國人罪的意識，並不是基督教思想中與生俱來的「原罪」，而是對傳統權威的違反。比如違背父母、長輩、祖先的意志或傳統，甚至對上方不敬，未能迎合對方的心意也稱之為「得罪」。

基督的「罪」，不是人對人的「罪」，而是人對神的罪，是離反神意、不信神的「罪」。可是儒家思想早已「敬鬼神而遠之」、「子不語怪力亂神」、「未能知人事，何能知事鬼」、「未知生，焉知死」。因此儒家思想中罪的意識僅限於人與人之間的人倫關係，也是專指違法行爲的刑罰對象。

儒家思想認爲決定行爲善惡的不是「神罰」，而是「世間的制裁」；不是刑罰的制裁，而是「道義」的非難。因爲恐懼道義的非難而產生了恥的觀念。

韋伯在《儒教與道教》一書之中曾指出，儒教徒對德性報酬的期待是現世的長壽、健康、富貴，以及死後的名聲。

漢民族沒有深刻的宗教內省，也欠缺深刻的罪的意識；漢文化中沒有原罪的觀念，也沒有解脫的思想。因此佛教乘中華思想的空隙，以決河之勢，一舉湧進漢文化圈。

●台灣人的罪意識

西洋社會思想的主流與基石是基督教思想，人和神的契約成爲西洋社會的基本倫理。康德的道德規範理論也僅是世俗化的基督教思想而已。

人和神的契約思想，成爲今日西洋「法律」思想的根據，而由人神之間的契約，轉向人與人之間的契約，也成爲保障法律的尊嚴與客觀性的根據。守法同時也是遵守神的契約。

可是一般來說，守法的精神大都來自傳統的文化風土，反映各自的民族性。在歐洲，英國人比喜歡鑽法律漏洞的義大利人與法國人守法。英國報紙上所看到作姦犯科的大都是外國人或愛爾蘭人。

筆者曾聽泰國的同學說過，泰國人大都是虔誠的佛教徒，泰國最奸惡的犯人大都是華僑，特別是潮州人。

在東方社會之中，日本人可以說是比較守法的民族，也是不喜歡更改法律的國家。自千數百年前的大寶律令實行以來，鎌倉時代以後的天皇雖無實權，可是大寶律令一直未曾更改，到了明治維新以後才重定明治憲法。第二次世界大戰後，在美軍主導下的新憲法也一直沿用至今。

雖然如此，日本也不是法律優先的社會。日本社會力的優先順序是「非理法權天」。這是「建武中興」時代，楠木正成、正行淚別「桜井之驛」時所作之句。是指非不勝理，理不勝法，法不勝權，權不勝天之意。

可是依韓國漢陽大學金容雲教授之說，韓人社會是「非法淚恨怨」。

在台灣，不但守法遵法的意識低，內在罪惡意識的自覺也不高。闖紅燈，公物私用，順手牽羊，收送紅包，警察修理小市民，調查局私刑懲戒反政府分子，萬年國代至死不退休……等等，只要不出問題，就不會犯法，也不會受良心的呵責。這是先談情，再說理，後講法的「情理法」的社會。

人本來就不是無罪的存在，在這一自覺的前提下，爲了從罪得到解放，人可以改悛或懺悔，救濟或解脫。

在罪的文化之中，基督教徒犯了罪可以向神「告白」而得到懺悔。日本人沒有中國人那樣強烈的求善，或西洋人那樣醉心於求眞，但求美的意識很強。因此在日本人罪的意識中，以不潔、汚穢、災禍爲罪惡。只要「祓禊」（ミソギハライ）或潔身即能將所有以往的罪惡「放水流」，將一切過去的恩恩怨怨淸洗得一乾二淨。

西洋人對罪的看法是屬於個人的問題，而日本人的罪惡感是對自己所屬集團的叛逆。西洋人的罪惡感是對精神內面所形成的超自我的叛逆，而日本人是對自己所屬集團信賴感的離反，因而產生「抱歉」的謝罪行爲。

在這一基本的認識下，露絲・貝內廸克德將日本文化稱之爲「恥」的文化，而指出歐洲是「罪」的文化。

日本是「恥」的文化，因此人的行動必須經常迎合世間，以免蒙羞。歐洲是「罪」的文化，所以必須顧慮到日常的行動是否違背神意或戒律。

「恥與罪」的文化二分法，事實上也很難那麼單純的一刀兩斷。至今引起文化界爭論之點也不少。

罪的文化社會，罪意識來自宗教的內省，來自原罪的意識。可是古代的中國剛好相反，罪的觀念是外來的強制力，怕被刑罰所產生的。春秋戰國時代的法家就主張嚴刑峻罰以治民。反而恥的觀念是道德或禮儀所養成的內在倫理意識。因此孟子主張「知恥近乎勇」，筆者倡言「無恥近乎勇」。清代大儒閻若璩稱「恥」爲根本之大德。甚至中國人的罪意識是來自楊震的「天知、地知、我知、汝知」的天地同你我的互相監視之下所產生的社會規範。

西洋人到底是否眞的存在著原罪意識呢？也不能一概而論。在原罪的背後有基督教思想「最後的審判」。不經過最後的審判，往天國之路不能過關。所以歐洲的文化也並不見得是純粹成立在內在罪的意識之上。這一點竹山道雄著《劍與十字架》一書中有明確的分析。

記得有一次在東京大學的「討論會」上，研究憲法的L氏，提出中華民國憲法，力主台灣並不是沒有法律，來替國民黨政府辯解。這時T氏悠然起立，大喝：

「法律百百條，不値得金條一條。」只這麼一句，會場頓時鴉雀無聲。

以前常聽到郭雨新老先生說台灣的法律是：「大案聽命令、中案看錢、小案依法照辦。」在司法尚未獨立自主的台灣社會，這些俗語是代表台灣社會「法」的本質，也代表台灣人法的意識、罪的意識。

對台灣的民衆來說，台灣的法，並不是總括正邪善惡的客觀規範，而僅僅是統治集團維持台灣社會秩序的統治手段而已。依統治者的恣意，任何「法」可有可無，「罪」可大可小。

由法所產生的罪的意識在台灣既然無法期待，那麼由倫理或宗教所產生的台灣社會的罪的意識到底是什麼？台灣社會到底是屬於「恥的文化圈」還是「罪的文化圈」？台灣人若沒有強烈而明確的罪惡意識，今後的台灣社會，將成爲怎樣的一個社會？實有待各方面專家再做深入而徹底的分析。

第17講　「良心」的按摩學

●台灣人的「好心・歹心」觀

小時候聽家母說教時，時常聽到台灣俗諺：「知人知面不知心」。可能是因爲「人心」難測也難知，因此即使是心嘈、心痛、心酸酸、心內滿腹的心頭事，也難爲人所知。人同此心、心同此理，〈心事誰人知〉的台語歌謠也就成爲台灣人的心聲。心心相印、以心傳心，一躍成爲人人愛唱的歌曲。

台灣人對「心」的功能特別關心，認爲可能「心」是決定人所思所行的主體，因此人之思考來自心思、心想、心智或心眼、心機、心算，下決心要心定，不可三心兩意。

一般來說，台灣人對事物的觀察，抽象能力不高，較喜歡將事物具體化。因此以「心」

作為分析的對象，認為人的道德行為是來自先天的、特定的個體所具備的德性，所以對人有「好人、歹人」、對「心」有「好心、歹心」之分。當然「拜託咔好心的」的「好心」是指「良心」，「不通彼呢歹心」的「歹心」經常是指「嘸良心」。「良心」也可能是來自與生俱來的本性或良知，因此也被稱為「天良」。

可是為什麼會將決定人的意志之主體，認為是來自「心」而不是腦呢?筆者推測可能是來自日常生活的經驗。

當人的心內有鬼，心神、心魂不定或心慌意亂，甚至接近「心所愛的人」之時，時常會產生「心肝忐忑（pick pock）跳」（心驚肉跳）的生理現象。在此發現心的功能，而斷定人性、人意是來自心。

另一方面也可能是受到佛教思想中，「心學」的巨大影響。

●佛教「心學」的巨大影響

佛教的目的在轉迷開悟，離苦得樂，止惡修善。

迷悟是心的問題，苦樂也大半是心的問題，善惡道德律的問題也是基於心的行為。佛教思想的「身、口、意」三業中，特別重視「意」的探求。實踐佛道基本的「戒、定、慧」三學，也是以心爲中心的修道體係。修行更重信心，可以說全是心的問題。佛教也可以說是探求「心」的實踐之道。

佛教以心（citta）、意、識，另以自性清淨心、菩提心來說「悟」道。前三心是生生滅滅的現象心，後二心是在現象心背後、不生不滅的眞實心，是屬於實體的性心。

包括心論的西洋哲學也是一樣，從存在論角度來看心的實在，而產生了唯心論（spiritual-ism）。從認識論的角度來看認識的主體——心，而形成了觀念論（idealism）。從實踐論的角度來看實踐主體的心，而強調主體的精神。

佛語中「心」同「身」、「色」（rūpa，實體）是對立語。小乘佛教中認爲「心、意、識」三位一體，意、識也是心的同義詞。

可是大乘「唯識論」中認爲，「識」是「眼、耳、鼻、舌、身、意」六識。「意」是思量、思惟作用的第七「末那識」、「心」是集諸法（現象）之因子，產生諸法根源的第八「阿賴耶識」。

從價値論來看心，有「眞心」（自性清淨心）、「忘心」（煩惱、妄念雜念）、「相應心」（煩惱之心）、「不相應心」、「定心」（精中統一）、「散心」（心慌意亂），或「貪心、瞋心、痴心」三心。常用的「集起心」（阿賴耶識）、「堅實心」（自性清淨的眞如心）、「卒爾心」（對境初動之心）、「尋求心」（求知之心）、「決定心」（決斷之心）、「染淨心」（汚染、清淨與念所生之心）、「等流行」（堅持相等狀態之心）。

心的主體在佛語中稱爲「王心」，從屬作用的稱爲「心所」。佛教思想區別「根」（器官）、「境」（認識對象）與「心」（認識主體），而「心」是知性、感情、意志的總稱。

佛教的「心學」是心、物互相依存之論。以「無我」、「空」爲基調，將心看成唯一不動的實在之論不多，所以佛教思想既非唯心論，也非唯物論。是「空・無自性論」所演繹出來的「色心不二」論。

佛教「心學」在日本思想史上影響甚巨。日本眞言宗開山祖空海大師的《十住心論》，可以說是解剖「心學」的密教聖典。有關「菩提心」的爭論，法然、親鸞、明惠、道元四位高僧的對立是有名的。

道元《正法眼藏》第十八〈心不可得〉中有「過去心不可得，現在心不可得，未來心不可得」之句，同世阿彌《花鏡》〈初心論〉中「是非初心不可忘，時時初心不可忘，老後初心不可忘」的心說心論，也經常成爲日本人生活中的座右銘。

佛教傳入中國後，以反漢文化的傳統而產生了以「無」爲思想核心的禪心學。至宋代而有心學與程朱理學之爭，後來發展成爲陸九淵與王陽明的心學。陽明學倡言「致良知」，重直觀的悟性，強調認識與判斷的主體性或心的主體性。

台灣人的「好心、歹心」觀或良心觀，可能就是來自佛教思想中「心學」的影響。

●西洋良心觀的演變與爭論

「良心」一詞雖然一直為哲學家、文學家，甚至是政治家所愛用，可是良心的概念是多樣性的，並沒有明確的定義。

一般來說，良心（conscience）是經常和自我同在或和神同在的，與區別正邪、善惡的道德意識是同義詞，是由歷史社會所形成的人格核心。

古代希臘的「良心」是廉恥心，義憤的情緒概念。類似中國「禮義廉恥」的「義」和「恥」的概念。古代羅馬的雄辯家西賽羅（Mārcos Tullius Cicerō, 106～43BC）認為，良心是道德的根源。而羅馬斯多噶學派（Stoic School）的哲學家雪內卡（Lucius Annaeeus Seneca, 4BC～AD65）卻認為良心是善行與惡行的監督者，是吾人內在的神聖精神。

被譽為西歐中世最偉大的哲學、神學家的多馬斯・阿奎那斯（Thōmās Aqouinās）認為，良心是肯定善的態度和拒絕惡的態度所直接表現出來的實踐理性，是人與生俱來的能力的總括。本來是道德概念的良心，受了基督教思想的影響，而加深了宗教色彩。良心變成律法、眞實的證言、神前的自我省思，而成為訴諸他人善的本能的良心，或臣服於權威、遵守國法與習俗的良心。

中世紀的教會，爲了防止「良心的過誤」，而定立了「良心之事例大全」(Summae decasibus conscientiae) 來指導信徒。

德國的宗教改革者馬丁・路德 (Martin Luther, 1483～1546) 認爲，良心並不是行爲的力量，而是審判的力量，由此才能得到行爲的判定。

英國國教會的主教巴特拉 (Joseph Butler, 1692～1752) 是啓蒙時代的神學代表者，他在《宗教的類比》(一七三六) 中，曾闡述良心在倫理學中判斷道德價值之功能，辨明良心的意義。他認爲人的本性是由欲求、情念、愛情、內省的原理所構成的，前三者是由最後的最高權威的良心來決定秩序、內省原理具有檢驗和否認的功能。良心的判斷是自律性的，並不借助於他人，而是由自己的權威來承認或斷罪。

批判良心論而集其大成的是德國的哲學家康德。康德在他早期的《倫理學講義》中，定義良心爲「內在的法庭」。良心是告發者，而自愛是辯護人，雙方互相對決。康德認爲良心與神的立法者相連結，是神的代理人。從自律的、有良心的自己，來看終極的道德人格，而主張道德世界的自足性，完結性。

德國厭世的代表性哲學家叔本華 (Arthur Schopenhauer, 1788～1860) 認爲，人的行爲的基本動機之一的同情心是基於良心。

集德國觀念之大成的黑格爾（1770～1831）批判康德的良心觀有顛倒善惡的危險性，康德所說善的理念是抽象的，而且缺乏現實性。黑格爾認爲，良心是對自己認爲是善的絕對確信。可是無論自己如何確信或視善爲神聖，也決難脫離對道德看法的主觀性。這僅不過是單純的確信而已，且很容易變成一己的「恣意」。到頭來，善也會成爲惡，良心也就一變成爲形式的主觀而已。

黑格爾將良心從主觀的道德引導到客觀的人倫社會，將良心從道德引導到社會，而認爲人倫的良心根底，有宗教良心的存在，兩個良心是難分難離的。

德國存在主義代表人物之一的尼采（F.W.Nietzsche, 1844～1900）在《道德的系譜》一書當中，從個別的行爲到人的存在來探求善惡的尺度，明確地區分高貴的道德與奴隸的道德。他認爲「良心的內疚」是人到了「病入膏肓」時所出現的動物本能，是由社會的制裁與刑罰而產生的內在結果。良心是具有自由本能的人，因爲懼怕被刑罰，而在走投無路時，所產生的內疚。因而他認爲超人的自由意識是自己的良心，是來自生物的進化與社會的制裁。

丹麥的宗教思想家齊克果（Sören Aabye Kierkegaad, 1813～55）批判黑格爾的良心說，而認爲良心是徹底的站立在神前、與神同在的關係，是「神意神授」，如果沒有神的存在，就不必要有良心。

受了尼采良心論影響的德國哲學家海德格，在《存在與時間》中主張「實存的良心」。良心是自我的呼喚，喚醒人從頹廢的、日常的「現在存在」，各自走向「未來存在」的心聲。人只有聽從主體性的呼喚之聲，才能回歸到本來的存在。良心既不是道德的規範，也不是神的呼籲，而是人本身實存的呼籲、召喚之聲，也僅有自己才可以聽到，是最日常的呼喚自己回歸本性之聲。良心不是道德規範的意識，而是自我的罪責、自覺，也可以說是道德與宗教之間的橋梁。良心是回歸本來的自我，同時也是回歸社會的正義。

德國的哲學家亞斯培（Karl Jaspers, 1883～1969）將罪分成下面四種：

㈠**刑法上的罪**——由裁判所來判決。

㈡**政治上的罪**——由國際法庭來裁定。

㈢**道德上的罪**——審判者是自己的良心。

㈣**形而上學的罪**——審判者是神。

精神分析學的創始人佛洛依德認為良心是「超自我」（自我理想）的意識，是從雙親、家族，民族中所得來的，在無意識的罪惡感中，嚴格支配超自我的意識。

受佛洛依德所影響的瑞士精神病理學者容格（Carl Gustav Jung, 1875～1961），從心理學批判佛洛依德所主張的「習俗慣習」的道德良心說，而主張「倫理的良心」，從人格的根本之處，產生良心的決斷。

新精神分析學者的佛洛姆（Erich Fromm, 1900～1980）也反對佛洛依德權威主義式的良心，而結合精神分析學與哲學，倡道人道主義良心。

史多克（H. G. Stoker）將良心論整理爲㈠主知主義，㈡直覺主義，㈢主意主義，㈣情緒主義四大類，認爲良心的內疚是情緒主義良心。

從西洋的「良心觀」之爭論看來可知，良心概念雖具有多義性的倫理或社會規範意識，但從未被忽視過。

●台灣人所面臨的良心危機與課題

日語中的「良心」來自《孟子》〈告子篇〉，是清明心，正直、慈悲之心。

西周在《生性劄記》一書中曾指出良知是從習俗、法律、教育的經驗中形成的，而批判孟子先天的良知、良能之說。

大西祝在《良心起源論》中曾批判西周的經驗主義良心說，而從理想與義務的觀點論良心，認爲當試想達成自我目的之意識被阻止時，良心會不安而受呵責。

一般來說，中國人自古受性善性惡之說或心、理之論的影響，素來將良心看成是「天良」，是天生的道德本性，也是善的本性。台灣人的「好心」、「有良心」，也是「善心」，行善之心。

台灣人的良心觀大都是人對人的良心，而很少涉及到對神的或對社會的良心。良心的存在是屬於「有良心」與「無良心」的「有、無」並存的「良心存在觀」。要向人要求道義上的責任或要求同情、賜惠時，經常要求「好心」不要「歹心」，要求「提出良心」做好德。

台灣社會所通稱的倫理道德，幾乎指的都不是社會的公德，而僅限定於特殊的人倫組織關係、特定的人際關係：拘束在有限的人倫組織關係。台灣人的良心意識是隸屬於國家的權力意識，當個人的良心行爲同權力者的權力意志互相矛盾時，立即被目爲「惡」。所謂國家的權力者也，經常利用人倫基礎的家族，來消除個人的良心意識，以確立統治權力。

台灣人自我意識的確立較遲，個性不彰顯。在社會上愛面子、「驚見羞」。良心可以說是從內省所產生的省思或內疚的意識，同外來的作用所產生的「見羞」意識不同。由於經常重視習俗，並看人「頭面」來調整自己的行爲，因此當良心尚未顯現時，內省、內疚時常被外在的「見羞」及特殊的「人倫」所抑壓，因此良心常被痲痺，甚至窒息。

台灣社會較重視傳統的形式，也沒有唯一神的存在，且未經革命的洗禮，因此比較缺乏喚起良心不安的契機。在人倫、國家權力或形式、習俗的壓抑下，本來對神或對社會就沒有良心的台灣人，連人對人的良心也窒息了。

因此，台灣大小官收紅包，法官看錢聽命令，連萬年國會議員也會乘機敲竹槓。由上至下，既無良心的內疚，也無「見羞」的外疚，百姓也缺乏道義譴責的社會良心。

如果台灣人的良心未死，台灣人應該做什麼？

第18講　「命運」的導引學

●生死由命，富貴在天？

自從西洋物理學發達以來，以往《三字經》中「天地人」的世界觀，日漸被物理學中空間與時間的宇宙觀所取代。

這一代的台灣人對天的意識或信仰雖然日漸模糊，可是上一代的台灣父老還不時在無意識中斷言「天公疼憨人」、「天無絕人之路」、「人著做、天著看」。

台灣人信天帝、三月二十三拜天公，將天看做守護神。認爲「天公有目睭」，臨急之時叫天叫地，即使「叫天天未應，叫地地未應」，依然還是認爲「天無絕人之路」。對不識時務之徒，時常指摘「不知天地幾斤重」。

台灣人對天的信仰，源遠流長。主流可能是來自漢文化敬天的傳統。「天」是古代中國人崇拜的對象。信仰的「天」當然不是「天空」的天，而是支配世界萬物「天帝」的天。古代中國的「天」和「帝」同音。《詩經》〈大雅・蒸民〉認爲「天生蒸民」。衆民生自天，天或帝是人類的始祖，因此而祀天。

古代殷人祭祖而不祭天，殷墟卜辭中沒有「天」的文字，因此有不少古代史的專家主張「天」的思想可能來自西北的遊牧民族，由周人帶進中原。

古人認爲天是創造萬物、主宰萬物的神秘存在，同時也是化育生物的自然、四時運轉的絕對存在。天對人的善惡行爲，表示強烈的喜怒，給予賞罰，是「超越的人格神」。《書經》、《詩經》也曾歌頌「天」是支配世界的主宰，「天罰」的意識在古代也甚強。

自古以來，天的思想有兩個面相，一個是信仰對象的天，另一個是哲學對象的天。信仰的天不僅是人所信仰、敬畏的對象，也具有天罰的威力，也就是說具有司法權。天不僅是神聖的信仰對象，也是具有萬能的審判官，如同地上的帝王一般。天有天帝，地有天子。

古人認爲天可司命，死也由天來決定。認爲人死昇天，或魂昇天、魄落地。因此認爲生死有命，富貴在天，不得不祭天來求神保祐。人與天的關係不僅是外在的德命，也是內在的德命，當束手無策或無力可回天時，只得聽天由命或死於非命。

中國到了春秋戰國的時代，天被合理化，成爲宇宙的自然法則、倫理的根源。天也由《書經》中政治的天，變成爲倫理的天。「天」日漸失去了人格神的性格，非人格的「天理」、「天道」也日漸取代了天的存在。

《論語》〈陽貨篇〉中，「天何言哉，四時行焉，百物生焉，天何言哉」。《中庸》中稱「天命之謂性，率性之謂道」。

天自春秋戰國時代開始，不但成爲超越的存在，也是內在的存在。天命成爲「生死有命，富貴在天」的無法抗拒的「命運」。又成爲「道之將行也與，命也；道之將廢也，命也，公伯察其如命何」的命運，也成爲孔子「四十而不惑，五十而知天命」的使命感。

郭沫若將孔子所說的「天」，解稱爲「自然」，命是自然的命數或自然的必然性，與以往的「天」的思想有異。可是馮友蘭卻指摘「天」只不過是無爲而治而已，並不一定是指自然，並且認爲「天何不言」的命題，乃指天雖然具有發言能力，僅不出一言而已。

孟子所說的道德是天理的表徵，荀子的時代，天被看成自然的法則。董仲舒的時代，天命說成爲漢王朝絕對化的支柱。王充在《論衡》中主張，天是沒有意志的自然，萬物的根源是物理的「氣」，這是反對天人相關論的唯物自然觀。天命到了朱子時代才發展成爲「天理」，至今日「天命」、「天理」、「天道」也日漸成為「天賦人權」。

漢文化中所誕生的「天」的思想，與印度文化、佛教思想中「天」的意識不同。在佛教諸尊中有如來（佛）、菩薩、明王、天四大別。

「天」大都是來自守護佛法的波羅門教諸神。本來是住在天上之神，所以稱之為「天」。比如梵天、帝釋天、四天王、毘沙門天。

印度人「天」的思想是死後往生的理想世界。天並不是西洋思想中具體的空間，而是世人在行善積德之後方能到達的絕對境界。後來由於佛教的發展，「天」又被畫分成為多層性的世界。

佛教的宇宙觀有三界，慾界、色界、無色界三界。慾界六道最上界之「天上界」有四天王天、三十六天、夜摩天、兜率天、化樂天、他化自在天等六慾天。而色界有十七天，無色界有四天，三界共二十七天。印度人對天的思考力與幻想力，比中國人更豐富而多彩多姿，令人驚嘆。

對只重視現世的漢文化來說，佛教的前世、今世、來世的三世觀同輪迴思想，不但改變了漢文化的世界觀，儒家思想無法解答的「道德同禍福的對應關係」之問題，也因佛教的流入而得以迎刃而解。

●天命觀與宿命觀

古代希臘人認爲人是由神所創出，一生的命運已被注定。連折衷哲學的代表人物西賽羅，也認爲支配人一生的是運命而不是智慧（意志）。

古代希臘神話中，傳說人的命運是由三位掌管命運的老女神來決定，苦羅多（紡織者）、拉卡西斯（分與者）、阿多羅波斯（不撓者）三位女神。可是到了一神教成立以後，人的一生命運也改由唯一神來支配。支配人生的是宿命而不是惡靈。

古代印度有三種人生觀。第一種是宿命論的人生觀，認爲人一生的運命一切皆已注定，現在的境遇或運命在前世已經決定而非人力所能改變，是前世「作好代」或「歹代志」所決定的運命。

第二種是神意論的人生觀。認爲人間世是神所創造，神所決定。人的命運由神意來決定，所以必須順從神意來生存。

第三種是偶然論的人生觀。認爲人生的禍福都是偶然的際會，因此必須把握時機，隨時隨地追求快樂的人生。

可是到了釋迦佛祖的時代以後，佛教思想反對宿命論、神意論和偶然論，而確立了因緣論的宇宙觀與人生觀。認爲任何事物都有因果，善有善果，惡有惡果。

「天命」有「德命」與「祿命」的雙重性格。自古以來，「天命」常有「運命」（超越性）與「使命」（內在性）的論爭，至今尙無定論。若依朱子一派的解釋，天命已成爲「使命感」的天職。天命之謂性，率性之謂運，修道之謂教。

「天命」雖然經常被看成「宿命」，可是也有人認爲宿命與運命是不同的。無法以個人的意志或努力來決定的是宿命，而人定勝天的是命運。命運可以容受「偶然性」，是來自一種不可預知的偶然。「好運」「歹運」是屬於一己的偶然性。

宿命是過去的，所以對未來是閉鎖的，而命運對未來是開放的，保有以自由意志去發掘或改變命運的餘地。

可是西洋人並不明確的區分命運與宿命。因爲命運的西洋語言大都來自拉丁語的Fatum。原意是「諸神的判決」。英語的Fate，法語的Fatalitê也如此。德語的Schicksal或Schicken是贈送的意思。都是由神來決定人的命運。

「治亂運也，窮達命也，貴賤時也。」人所遭遇的吉凶禍福之運氣、運勢、命運到底是偶然性或必然性，至今爭論尙未休止。

話雖如此，台灣人在傳統上還是非常相信命運。好命人，歹命人，好運，歹運，運來，運去，擲筊，抽籤，算命，卜卦，仍不時支配著市民生活。

●台灣人的共同運命觀

在近代社會思想中，至今還非常流近一種只要社會制度好、政治清明，天國即將在地上出現的「思想」或「主義」。因此北歐社會福利制度在台灣還很吃香。曾幾何時，「社會主義」在海外台灣留學生中也曾風靡一時。

可是只要人是「有生、有死」的生物，人終究有不可逃避的命運。人的存在，最基本的是有生命的存在。雖然生命本身原來就是一個謎，人無論如何還是難逃有始有終的生命法則的支配。

從宇宙論來看，所有生命的誕生是一種偶然的產物，人生下來就得背負著偶然的生命，走完自己一生的路途，所以也可以說是命運。

因此，人類有共同的命運，也有各自生命極限的命運。如何走完各自的一生，是屬於各人各自的問題，不能代替，也不能交換。這是無論推行任何社會制度，推銷任何社會思想都難以決定的個人的命運。

每個人對全人類來說，各有無法以他人來代替的，完全屬於自己的命運。命運是自我或他人的意志無法來決定的。幸與不幸，喜與悲的命運完全是自己的。

各人在各自的歷史社會條件下，所承受的條件要如何來推敲，如何來改善，當然必須由自己的意志來決定。但是不一定能由個人的意志來實現所有的人生目標，即使是人定勝天，命運不一定能以獨自的意志來實現，這也是人的命運。

莊子思想認爲「生死、存亡、困窮、榮達、貧富、賢愚、飢渴、寒暑」，人所有的遭遇都是運命。這些都是超越人類知識之上的命運，必須自己來調和自己的命運。同萬物共存共生的思想還是莊子「運命隨順」說的根本。

宿命論容易屈服於命運，而成爲消極厭世的人生觀。可是，若從《莊子》的「蝴蝶夢」一文中可以看出與命運調和，與命運嬉戲的莊子的「運命隨順」論與宿命論不同。可是即使個人能各自的隨順命運，同命運隨波逐流，也僅能以個人的意志來追隨自己的命運，而無法解決共同命運的問題。

佛教思想認爲命運是由無數的「緣」（原因、條件）來決定的。個人的命運是由無數的因緣，無數的因果關係所決定，佛語稱之爲「衆緣和合」。

無數的個人命運的交錯，有無限的因果關係，各因果關係的交錯所結成的是個人命運的悲喜劇。因此個人的命運並不是只有個人的遭遇，也是同一時代，同一社會的人群所共同背負的共同運命之一。由無數的社會因果關係，以及客觀條件所決定的人生之禍福，並不僅限於個人的因緣。

從夫婦、家族，以至於國家、民族，在無意識中所形成的共同命運的意識，不但能培育社會成員互相之間的人情義理，更能培育同安危共患難的共同命運感。佛教哲學的思索並未向這一方向發展，而僅集中於「因緣」的分析。

在漢文化「天命」思想的影響下，台灣人雖然同中國人一樣迷信命運，可是深層意識中，卻沒有同中國人結成共同命運的意識。

台灣人共同命運體、共同命運觀的形成，與台灣人意識的形成，都走同一個歷史軌跡。這可以說是二十世紀台灣同中國不同歷史發展下的歷史社會產物，也是台灣人意識形成的原動力之一。

在外來政權的統治下，台灣人不但喪失了全體的主體性，也未能確立決定未來共同命運的主體性。在這一社會、經濟、政治、文化所面臨的共同的歷史危機之下，所形成的是吳越同舟的共同命運感。不論第幾梯次的移民，在這共同歷史危機的衝擊下，所形成的社會意識就是台灣人的共同命運觀。今後將如何來確立台灣人全體的主體性，也將成為二十世紀台灣人最大、也是最終的歷史課題。

第19講　「緣」的因果學

●中國人與日本人迥異的成敗觀

日本人在日常生活會話中，不時可以聽到「御陰樣」（オカゲサマ——okgesama），意思就是說：「都是你的牽成」、「全託你的福」、「是受了你的庇蔭」。談話中頻向對方說「御陰樣」，並不是單純的「客套話」，事實上也是出自內心的「眞心話」。

在日本，事業成功的人，很少認爲是來自自己的努力，大都認爲是受了他人的恩惠。比如前輩、員工、支持者、客人的賜福或緣分等等，經常將成功的原因歸功於他人。甚至有不少日本人連日本戰後的經濟成就也歸功於「蔣介石總統的以德報怨」。

中國人的成敗觀，可以說與日本人完全不同。中國人在日常生活中，一方面喜歡將失敗的責任全部推給他人，另一方面卻認爲他人的成功也是屬於自己的。

比如在日本的報紙上時常看到「引咎自殺」的新聞。部下出了問題，上司引咎自殺；公司出了問題，社長引咎自殺；個人人格受了懷疑，也引咎自殺，甚至司機出了車禍也引咎自殺，向社會謝罪。

可是反觀中國的知識分子寫文章，大談天下事，卻對中國今日的貧窮落後，很少去追求或探究內在的原因反省自己，而喜歡將所有的責任推給什麼帝國主義的侵略，滿淸政府的腐敗，日本侵華的破壞，軍閥割據，共匪禍國，甚至是什麼「四人幫的破壞」……等等，不然，今日的中國就如何如何的了不起。

戰後從大陸逃難到台灣來的難民政權的大官小官，也大都喜歡宣傳台灣今日的經濟成就是他們的「德政」，連吃台灣米長大而寄生於台灣社會的難民子孫，也不乏「沒有我們就沒有今日的你們」這種自我陶醉的因果觀。

他們甚至認爲，日本戰後的經濟成就是蔣總統「以德報怨」的恩惠。類似這種如果沒有蔣總統的「以德報怨」，日本早就如何如何的愚論怪論一大堆，台灣人也不時領敎。「以德報怨」這帖萬能藥，如果有這麼大的神力，早就不必要有近代經濟學或社會科學的理論。最不可思議的是，爲什麼不用這帖「以德報怨」的萬能藥來治癒中國社會本身的貧窮落後？

簡而言之，將失敗責任全部推給他人，一切成果全屬自己的「成敗觀」，不但是中國人傳統的思考方式，也是中國人的「天性」。

那麼，爲什麼中國人與日本人的「成敗觀」會完全相反呢？

一般來說，中國人的思考方式是自我本位的，而日本人的思考方式是他人本位的。他人本位的思考方式是以和對方同一化的行動、思考來迎合對方，考慮對方的立場，以心傳心來推測對方，以求得共感、共鳴。

另一方面，日本人喜歡將自己的成就歸功於他人，而不看成是來自自己努力或能力的態度，主要來自佛教的因緣思想與託福思想。

日本人在傳統「在家佛教」的教誨下，認爲「他力」是主，「自力」是從。以「自力」爲基本的「他力本願」的佛教思想，成爲日本人同他人，以集團爲協同體而行動的個性。所以日本的領導者、上司經常因屬下的支持，而心存感謝之念。若不如此，就很難受到歡迎。這一點也可以說是日本集團行動力較強的理由之一。

●因緣論是佛教思想的根本

佛教繼承了印度教（Hinduism）的「業」、「輪迴」、「解脫」的思想，認爲世界的生成是「因緣生起」（緣起）。

猶太敎、基督敎、回敎都主張絕對、超越的天地創造說，可是佛敎思想沒有創造萬物之神的存在。佛敎主張世界是「無始無終」，而以「因緣生起」來解釋世界的存在與所有的現象。

和釋迦同時代而被稱爲「六師」的普拉那、果沙拉、阿及他三人否定道德與因果之說，而認爲要確立自己必須苦修。這種無因無果的「無因論」是釋迦所批評的對象。「六師」之一的尼干達主張應由苦行來得到靈魂的解脫，這種因果論被稱爲「因論」。

古印度各敎各宗求道方式各有特色。印度波羅門敎以聖典所規定的祭禮來追求來世的果報。逑拉馬那是以禪定，而尼干達等是以苦行來求解脫，而確立自我。

可是釋迦克服了禪定、苦行、而以內心的無明之緣起、緣滅來確立自我。釋迦找出人生迷惘的根源在「緣」，而以緣生、緣滅的思想來傳授佛法。

佛敎談「因緣」是「因緣果」的略稱。因是過去的原因，緣是現在發生的行動和條件，果是未來結合的結果與成果。

只有「因」不一定能結果，「因」與「緣」結合、融合才能產生果實，這是因緣的法則。「因緣說」中之「因」，可以說是直接的原因，而緣是間接的原因，被提供的條件。

佛敎認爲世上所有的存在與現象都來自「因緣」。因爲人生是有限的，而天地是無始無終的，所以人要理解「因緣」的全貌是不可能的，所以常稱之爲「不可思議之因緣」或「不可思議之緣」。

「緣」是由非常複雜的要素所構成。比如人生來自雙親，雙親來自雙組的雙親，十代的雙親用單純的數學計算就有一〇二四人（二的十次方），二十代即突破十億人。這種組合佛語稱之爲「緣」。因此現在「我」的存在是由極其複雜之「緣」所構成，由被賦予的條件所構成的「緣」互補相成是人力所不及的。

廣義之緣可分爲四緣（因緣、等無間緣、所緣緣，增上緣）以及六因，通稱四緣六因。

釋迦爲了探求人生的生老病死「四苦」而出家，了悟無常的人生。爲了解脫人生之苦，統合必然論、偶然論與「有」「無」之論，而提出「緣起」之說，成爲佛教的基本思想。一般稱之爲「十二緣起」、「十二支緣起」或「十二緣生」。

(1) **無明**——彷徨而根本的無知，對佛無知。

(2) **行**——自無明而得識，形成識與生之力。

(3) **識**——受胎之初的一念，意識、認識機能。

(4) **名色**——母胎中心之作用與身之發育、認識對象或形態與物質之根據。

(5) **六入**——眼、耳、鼻、舌、身、意六根具備，出母胎之位。

(6)**觸**——未能識別苦樂而僅至於觸物之位。
(7)**受**——能識別苦樂而感受、認識對象或感覺。
(8)**愛**——各種慾望而求樂避苦、盲目的感情。
(9)**取**——固執一己所欲。
(10)**有**——生存之意志、基礎。
(11)**生**——現實之生存。
(12)**老死**——老而死，現實之苦與預想之苦。

按佛教思想「三世觀」中，過去世、現在世、未來世三世互爲前後因果，三世之中因果成爲二重稱爲「三世二重因果」。十二因緣中，(1)、(2)是過去世之因，(3)～(7)是現在世之果，(8)～(10)是現在世之因，(11)、(12)是未來世之果。三世二重因果關係，互相依存。由(1)至(12)生死輪迴，是謂順觀。相反的，由(12)至(1)是逆觀。

「緣起」思想在佛教思想界是一大爭論的主題，第三世紀時，龍樹（Nāgārjuna）在《中論》〈歸敬偈〉中對「緣起」論提出不生不滅，不斷不常，不一不異，不去不來八種否定本性的緣起論。批評小乘佛教的三世二重的緣起觀，而認爲緣起的根源是「空」，而提倡「八不緣起」。

後來大乘佛教在日本和中國展開了《華嚴經》中一切即一、一即一切、重重無盡之緣起的「法界緣起論」、基於人的根源意識之阿賴耶識的「阿賴耶識緣起論」，以及衆生皆具佛性的「如來藏緣起論」。

●從血緣地緣的社會到黨緣的社會

佛教思想認爲事物的生成、消滅有無數的因果與條件而構成「無常」的世間。人人不僅受到眼睛所看不見的無數人的恩惠，又受到了衆生萬物的恩惠。因此，各人都內含著無限的偉大潛力，人人的生生息息，一切都來自「因緣」。

個人身軀雖然是有限的存在，可是眼睛所看不到的地方，卻由各種因緣所結合。現存的個人不但是來自以往因緣的累積，也是創出未來的存在，因此內含著無限的可能性。

若按照佛教因緣思想的說法，世上沒有眞正的善人與惡人，而只有互相之間因果報應的因緣關係。由因緣所形成的社會，與由契約所形成的社會觀，二者完全不同。

因緣的社會觀認爲人與人的邂逅不是偶然的、超意志的，人同人的關係是無終的，受容的、寬容的，being的，人與人的紐帶是潛在的。

可是契約的社會，人與人在邂逅時是經過考慮而選擇對方的，是自主的，所以人我關係明確化。人與人的關係是有期限的、責任與義務分明的，人與人的紐帶是顯在的，集團的、理念的。

因果思想是佛教思想中最基本的思想體系。古代希臘哲學中，對外在的自然現象的因果關係雖有分析，可是除了斯多噶（Stoic）或新柏拉圖學派中極少數的哲學家以外，對自然與人文的一切因果關係幾乎不曾思索。

漢文化中不但完全欠缺因果思想，「因果」二字也是自佛教傳入中國以後才出現的。「積善之家必有餘慶，積惡之家必有餘殃」或「有緣千里來相會，無緣對面不相逢」這些觀念也是來自佛教。

本來台灣是由血緣與地緣為中心所形成的人緣社會。可是進入二十世紀以來，隨著近代市民意識與市民社會的成熟，血緣與地緣也日漸發展成為「民緣」。「血緣」「地緣」雖然已經淡化，卻並未被「民緣」取代。

可是半世紀來，由於國民黨黨化教育的侵蝕，台灣人的精神史上，也出現了巨大的變化。政治價值超越了宗教價值，傳統的多元性因緣觀也日漸變成了一元的因緣觀，「謝天謝地」的宗教意識也日漸被「德政」的政治價值意識所取代。特別是所謂「愛國青年」的「因果觀」更加單純化、一元化，認為「如果沒有偉大的國父就沒有中華民國」、「如果沒有英明的蔣總統，就沒有今日的台灣」。

台灣傳統的血緣社會，戰後不但受到「祖國」「同胞」意識的侵蝕而開始動搖，更受到了「骨肉同胞」統戰意識的挑戰而面臨考驗。地緣社會的紐帶不但受了中央集權思想的侵蝕，鄉土意識也成爲地方主義的代名詞；更由於黨利黨略的經濟價值與政治價值的高揚而催生了地方派系，加速了地緣社會的分裂。

近半世紀來，在黨國思想教化下，「德政」觀是否能在台灣傳統的「緣」的社會中生根，專賴國民黨培育出來的「愛國青年」是不足的。至少一元化的「德政」因果論必須凌駕佛教思想的「六因四緣」之因果論，不然「德政一元論」僅不過是自欺欺人的夢囈而已。

第20講 「驚死」的收驚學

●台灣人欠缺死的思索

中國語中有「驚怖」、「驚恐」，甚至有「貪生怕死」、「行屍走肉」，獨沒有台灣人常用的「驚死」或「驚死人」一語，連漢字文明中不朽的巨著——諸橋轍次博士的《大漢和辭典》中都找不出「驚死」一語。可見「驚死」是台灣人獨特的表意字句，也是台灣人精神結構的特質之一。

「台灣人驚死」同「台北人驚喫、下港人驚掠」的「縣民性」或「地方性」一樣，也可以說是代表台灣民族「國民性格」的特色之一。

台灣人不管男女老幼對驚暗路、驚狗咬、驚雷公、驚警察、驚特務、驚政治……均稱之爲「驚死」。從造語的語義看來，人對死的恐怖是終極的，是屬於本質的驚恐本能，也可能因此而將所有驚恐生理、精神上的本能均稱「驚死」，而感嘆詞用「驚死人」。精神分析學的開山祖佛洛依德也指出：「所有的恐懼最終都是對死亡的恐懼。」

所有的宗教之中，承認「人是有死的」只有猶太教和初期佛教。人生雖然有限，可是人還是希望能永生。

文明不同，生死觀也各異。非洲人認爲死者的人格與一切的官能都一起往來世，與祖先繼續共生。可是歐洲的傳統卻認爲軀體與靈魂分離，而魂離體而去是「死」。古代印度人的生死觀也是如此。

基督教繼承了猶太教而有「最後的審判」思想，認爲世界的終末，基督將審判全人類的罪與惡來貫徹神意；信神，忠於教就可得到永生。

佛教沒有基督教的「原罪」思想，而認爲宇宙是「無始無終」的，人本來是「無明」(無知、迷惘)的，因此不能免除「煩惱」。印度教也是如此。

佛教與印度教不但沒有「原罪」思想，也沒有「世界終末觀」，而認爲世界最終是崩潰而歸於虛無，且不斷的重生，並認爲善惡是「業」的報應。善有善報，惡有惡報，生死輪迴。

基督教強調「罪」，而佛教強調「苦」。佛教認爲諸行無常，所以人生是苦，生老病死是苦、色、受、想、行、識「五蘊」皆苦。苦與無常是一體的，爲了超越苦而求解脫。

佛教特別強調死的恐怖而探求來世。認爲死征服了所有的人類，人生到處面臨死亡的深淵。在太空、在大海、在山野、在世界任何所在，沒有不受到「死」的威脅。因而《涅槃經》〈諸行無常〉中指出：

「諸行無常，是生滅法，生滅滅己，寂滅爲樂。」

老莊思想對生死也有獨特的看法。老子認爲「死而不亡者壽」、「雖死而以爲生之道不亡」。

一般來說，傳統漢文化欠缺來世觀，對「死」也缺乏省思，連儒家的至聖先師都說「不知生，焉知死」，並且「敬鬼神而遠之」。因此「永生」「不死」成爲漢文化「生死觀」的主流。

秦始皇與漢武帝都想「長生不老」。秦始皇僅想吃長生不老之藥以求長生。可是到了漢武帝時代，已進步到自己成仙昇天。武帝篤信李少君的玄術，認爲祭爐神用爐灰作仙藥、用黃金器盛食即能不老長生，甚至認爲自己不死可屍解成仙。

生有時可以看做是「與死的決鬥」。生雖然一時戰勝了死，可是最後還是難逃一死，有如實存主義者海德格所稱：「死只是時間的問題。」死可以說是生死之戰的永遠結束，而引導永遠敗亡的人生走向勝利的是宗教。

一般來說，宗教心較淡薄的台灣人不但缺乏「死」的思索，忌避「死」的省思，也少有來世觀。哥德（Goethe, 1749～1832）認爲沒有來世觀的人有如行屍走肉，雖生猶死。筆者不僅同意哥德的看法，且認爲「驚死的台灣人」大都欠缺來世觀。

●台灣人爲什麼驚死？

可能因爲台灣人「驚死」。筆者小時候，經常看到有人抱著「驚著」或「著驚」的細漢囝仔到隔壁去給「師公」「收驚」。

那麼爲什麼台灣人「驚死」呢？

這句話的問法並不見得完全正確，可能僅是接近事實而已。凡是人可能都「驚死」，或人人「驚死」。

台灣人事實上經常「拚生拚死」，黑社會人物視死如歸，械鬥拚命、殉情、追人死亦不少見。翻開台灣以前史料一看，日本在甲午（日清）戰爭時發現北兵（中國兵仔）人人驚死，幾乎不能打仗。可是到了登陸台灣以後，發現手持「竹篙掆菜刀」的台灣草莽義民幾乎視死如歸，而令日軍膽寒。二次世界大戰末期，台灣青少年奮勇參加日本神風特攻隊的隊員也不乏其人。從這些史實看來，可能要改說：「台灣人大都驚死」或「台灣人特別驚死」可能較接近事實。

「人爲什麼驚死？」

這是宗教學、哲學、心理學或精神分析學的一大課題，人類自古以來，思索這一人生最根本問題的先哲先賢不少。

按日本上智大學教授「死學」的阿爾芳・德肯教授所著《思死》一書中，對「驚死」的理由曾舉出九種型態。

㈠苦痛的恐怖——有肉體的、精神的、社會的、靈魂的苦痛

㈡孤獨的恐怖

㈢不愉快體驗的恐怖

㈣成爲家族與社會負擔的恐怖

㈤面臨未知世界的不安

㈥對人生不安所結合的對死的不安

㈦對留下人生所未完成的使命或事業的不安

㈧自我消滅的不安

㈨對死後審判或刑罰的不安

概括的來說，漢人是世界上最「驚死」的民族。驚死的歷史條件主要來自世俗化的漢文化。台灣人深受道教生死觀的影響，所以沒有「死學」，而特別強調「生」。將「生」看成是「實存」，最終希望能成爲「不死」的存在，不死的思想是《莊子》中至人、眞人所演化出來的道教神仙思想。

在無意識中，希望自己能繼續永生的人，在深層心理中，必然產生對「死」的不安、煩惱而「驚死」。有不死的願望，人才「驚死」，而怕自己不能存在是「驚死」的核心。「死」是存在和生的崩潰，所以驚死是恐懼面對「生的危機」。

當然驚死的人並不單純，人對自我的絕滅比什麼都恐懼。相信來世，相信死後有天國與地獄的人也會驚死。除了在心理上怕世上的永生希望被抹殺外，也怕死後的報應，驚恐不能上天國而下地獄被刑罰。

回教徒與基督教徒都有殉教的精神，因爲心靈上有宗教的依託，所以比較「嘸驚死」。日本的源平時代，有佛教淨土宗「樂極世界」的往生思想，所以武士視死如歸。戰國時代的一向宗農民蜂起就具有殉死的宗教精神，天草之亂的農民視死如歸也是來自基督教的殉教精神。《葉穩》一書中，稱武士的天職是「求死」，因爲死比生更富有價值，因而武士無不視死如歸。

台灣人不但欠缺死的省思，也忌避「死學」的教育，只求永生，因此驚死。可是綜觀半世紀以來，台灣人驚死的精神結構起了一大變化。這一代台灣人的驚死都是來自危險之外的驚死：屬於「驚死的生」。當然驚死的生是「奴才」的人生觀。這是近半世紀來台灣人精神史上的一大變化。半世紀前「台灣人驚死」與半世紀來「台灣人驚死」的深層心理、精神現象、思想內容可以說完全迥異。也可以說是近半世紀來國民黨的恐怖政治所帶來的歷史產物。

●驚死的台灣人應如何「收驚」

驚死雖然是人的本能，可是「相過驚死」、「驚死」的精神雖不一定是病態，至少也是異常的心理。爲了克服驚死，只有在永生的願望下，追求神仙思想或在敬祖、拜祖的信仰下，將死後託給子孫，以後世來繼承現世，而在「血統」中，實現永生的願望，來克服「驚死」。

當然，「驚死」也有積極的一面。不時對危險存心警戒，可以強化自我防衛的手段，而不隨便走上有勇無謀的衝動，有時甚至培育創造超越有限生命的藝術。甚至有人認爲有生必有死，死是生命的消滅，所以有生之人「驚死」是理所當然，也是本能，人不「驚死」是對死沒有省思，也是貪生。有了「驚死」的自覺，才能面對「生死的問題」。

古代希臘的民主主義者伊比鳩魯（Epikūros, 342～271BC）從「我死，我已不存」的思索中，發現了「驚死」的本質，從探求「驚死」的根源中，萌生對「生」的驚異，而從死的恐怖中，變成對生的驚異，而領悟了「死的必然性是生的可能性」，發現現在的實存，體會生的共感。

「台灣人驚死」的理由除了傳統文化、宗教的因素以外，也因欠缺「死學」的教育。但事實上這種說法也並不完全正確。國民黨近半世紀來對台灣子弟的教育，事實上也是很積極的推銷「犧牲小我，完成大我」、「殺身成仁，捨生取義」的精神教育；並以好戰的地方軍閥岳飛，無能的儒教官僚文天祥、史可法來作爲民族英雄的楷模，大力推行「大無我」的黨國奴化教育。他們還利用「台灣人驚死」的心態，大力推行「槍斃」、「死刑」的「殺雞儆猴」的社會教育。事實上，台灣社會被判死刑的案件卻反而有增無減，已成爲震驚世界法界的一大怪異現象。

如何認識死的意義，以及洞察生的意義，來緩和「驚死」，探出無意識中被壓制、被動的、恐怖的意識化，來解除對生的苦惱與不安，仍然是台灣社會的一大課題。

柏拉圖在臨終之前，曾總括他一生中的最大課題是：「死的準備」。

蘇格拉底死前本來有機會可以逃出監獄，可是他認爲自己僅有遵法而死，不願違法而逃。最後柏拉圖問他爲何不想逃亡，「是不是不怕死？」

蘇格拉底說道：

「死後的世界有神的存在，自己的靈魂可以同神相會，又可以與以往死去的偉人相會，所以覺得非常的高興。」

如果歷史條件沒有眞正的危機感，即使有死的教育也不見得會出現期待中的效果。國民黨從小教台灣子弟「殺身成仁」的教育，結果竟比不上「殉情」的力量。

對生看成是最高價值的人，當然人人「驚死」。可是如果爲了比生更具有價值的理想，人還是會「拚命」，而產生「朝聞道，夕死可矣」的心情或決心。

只要逃避死亡，人必定「驚死」，無法從死的不安得到解放。因此人必須「知死」。「知影死是無法逃避的」以後，自會理解死並不是偶然從外而來的，而是自身老化的果實，死是生必然成熟的果實。死是自然的、必然的，誰也無法逃避的。人生只是漂流在時間上的存在而已。

只有一種人能從死的恐怖中得到解放，就是了解人生只有一次的人。壽命僅到今世爲止，老衰至壽終也僅此一生而已。

人是死的存在，有生之物終必有死。沒有生命的東西是不會死的。人有生，因而有死。如果沒有死也不會有生，因爲人是死的存在，所以所有的人都要死，不得不死。

「嘸驚死」不必要有勇氣，也不必「展勇」，只要解除不安感即可。

「驚死」才希望自己的生命死後繼續存在，再生，希望不死，拒絕應死的現實。所以，驚死也可能是因爲希望永生，而產生的「再生」的信仰。

對希望不死的人來說，今世之生是往他世或來世之階段。來世之生是今世的解脫，而得到永久的生。因此希望能從今世的死來得到來世的再生或永生。

再生或輪迴，天國或地獄的思想，在宗教上到底是否能帶給台灣人來世的希望或安慰，而能否解消「驚死」的不安，不得而知。在台灣，「師公」僅能替「細漢嬰仔」收驚，卻無法替大人「收驚」，也很難替自己「收驚」。就像台灣最「驚死」的反而是醫生。

「收驚」沒有什麼秘技或秘方，也從來沒有看過來自台灣的臨床報告，可能只有對死後永生的希望，是克服驚死的終極關鍵。

死是往生，往極樂世界，往天國之路。確信死能帶來勇氣與希望的至福生命，才能視死如歸。死不是一切的終了，不是消滅，而是走向新生。

法國數學家、宗教學者巴斯卡（Blaise Pasca, 1623~62）曾經這樣說過，到底有沒有死後的生命，信不信由你。可是即使相信死後有生命的存在，而事實上死後生命並不存在，信者也不會有所損失。反而因爲不信，而事實上死後有生命的存在時，一切落空的損失才大。因此不信不如相信死後永遠生命存在的人有福。對臨死的人來說，能相信死後的生，才能更進一步的接近永生。

我們存在之時，死現在不存在，可是當死存在之時，我們已不存在。既然死後已沒有我們的存在，又何必「驚死」。

比起無限的宇宙，生只是瞬間，而死是永遠。即使人能長壽至百齡，想和永遠的死對決，可以說是人的傲慢。人在無限的死的世界求生僅是瞬間，而又必須再回到永遠的死的世界。這一個死的世界，想來並不否定生，而是包容瞬間的生。肯定死的生，因此必然帶來充滿勇氣的生。

第21講　「超然」的方位學

●令人費解的超然人物與立場

近年來在台灣的社運中，每次見到一位北美台灣人教授協會的L教授，到處向人表示他立場超然時，心裏總覺得很失望。更令人感到吃驚的是，連台灣島內數年來對社運熱心的T醫師也到處向人宣稱他也是立場超然。

筆者素來對過分強調立場「超然」的人物，不但在「生理上」產生厭惡感，在「思想上」也無法接受。

超然的立場與超然的態度，是既曖昧而又不安定的立場或態度。超然主義者的本質也是屬於「場外」的存在。

超然的立場在幾何學上不但定位困難，在物理學的空間上也難以設定力點。採取不偏不倚的立足點或不黨不阿的態度，不但從幾何學的公式裡很難算出，從社會角度也難以捉摸；超然主義者既然是社會的動物，事實上也無法一直成爲「場外」的存在。因此超然的人物，必定經常隨著物理空間與時間的變動，或台灣人歷史條件的變動而飄浮不定。

超然的價值，是超越所有主觀與意識的價值，是由認識對象的客觀性、普遍性所構成的價值。筆者認爲超然主義者在台灣人現有的客觀歷史條件下，所具有的價值意識是一種「情況倫理」，或超越的行爲。

康德通常稱先天的（a priori）認識對象爲「超越論的」。超然者在形上學或神學上是絕對者（神）。事實上，神學概念中也常稱神爲「超越者」。超然主義者不但經常由宗教信仰的深化而超俗，有時也爲了脫俗而隱逸或尋求世外桃源。

實存主義認爲，人爲了脫出無自覺的惰性，而成爲有決斷或絕對自由的主體時，稱爲「超越」。現象學家胡賽爾（Edmund Husserl, 1859～1938）認爲，不以經驗的事實，而以純粹的意識來追求問題的立場或態度的理論爲「超越論」。可是馬列主義卻認爲，超然或超越的立場或態度，是物化（Entfremdung）的對象。

不問思想界對超然或超越概念，以及思想內容的定義或分析如何，對超然主義者的立場或態度的看法如何，在筆者提倡的「主體性的重建是二十世紀台灣人最大的歷史課題」這一立場下，超然主義者的立場與態度是無法苟同，也無法容忍的。

還好能立於超然地位，或有資格立於超然的立場的人到底還不多。因爲不多，在台灣人的反體制運動中，尚未掀起一股超然之風，而僅止於台灣島內外特殊人物的內外對唱題而已。

●誠心誠意是缺乏客觀性的德目

超然主義者經常喜歡批評站在最前面的反體制運動的人士行動偏激、思想異端，而標榜立場「超然」。「超然」爲「正」的價值，喜愛溫和、折衷，而走中庸之道。

中庸之道雖非超然之道，但至少不是兩種極端。因爲超然主義者的立場與態度是不偏不倚，不黨不阿，甚至以當個不聞不問的「局外」旁觀者爲理想；除了隱逸以外，當然以不偏激、不走異端的中庸之道爲宜，而且以爲只要誠心誠意，草木也將爲之所動。

台灣的知識分子大都深受漢文化的影響，不喜歡急進式的異端而偏愛超然或中庸之道。《中庸》一書雖然在《史記》中相傳是孔子之孫子思（孔伋）所著，不過，該書後半顯然是秦漢以後的思想。全書自始至終缺乏理念的一貫性，否定人爲、強調無爲自然，可見深受道家思想的影響，內容前後充滿矛盾。

《中庸》一書最奇妙之處是，前半專講「中庸」之德，後半幾乎半字不提中庸、而專講「誠」之德。儒家思想中，除了《孟子》曾經出現過一次「誠」字以外，本來就不主張「誠」。《中庸》的「誠」被認爲是盜自老莊思想的「眞」。

有關這一點，早在南宋時代就被王柏（字魯齋，一一九七～一二七四）所發現，而在《訂古中庸》一書中，將後半稱爲「明誠」之書。

莊子認爲人的本性（human nature）是眞實的、天眞的，而稱之爲「眞」。眞誠、天眞爛漫是自然的人情。如將自然的人情虛飾造作而成爲禮儀之德，是虛僞的德性，也是一種墮落。

日本江戶時代的大儒荻生徂徠，在其《辯名》一書中曾指出，「誠」是生於自然的心中，不必努力或思慮。只要稍微用心或用力致「誠」，反而不自然，也就是反而失去「誠心」。「誠」無法從教育中得來，所以孔子雖然主張「忠信」，可是並未主張「誠」。

可是自老莊之徒出現以後，不斷攻擊儒家思想人爲之道是「僞善」。因此《中庸》之書不得不接受老莊思想的「眞」，改說「誠」，或「眞誠」。

日本幕府時代，武士集團以「誠」爲旗幟。新渡戶稻造的《武士道》一書中也稱「誠」是武士道重要德目之一。三島由紀夫的切腹，也是以「誠」作爲背景。

基督教以「愛」作爲道德的最高原理，儒教以「仁」爲道德之首；以「美」作爲原理的日本文化，因爲沒有統一的道德原理，而以「誠」爲先。

「誠」事實上純屬主觀的德目，與「義」一樣，缺乏客觀性和具體的內容。是僅憑一己的良心問題而已。

誠心誠意的人，專看其人對什麼事物「誠心誠意」是一大問題，誠心誠意地行惡亦非不可能。因此荻生徂徠曾指出，「誠」也可以習惡而成爲第二天性，因此「誠」不能成爲規範社會的德目。

王陽明的「致良知」也是主觀主義色彩極強的學說，並且可以說是純粹的主觀主義，所以陽明學生中有走向革命之路的，也有走向快樂主義之途的。佛教中的禪宗也是極富主觀色彩，沒有一定的方向。

人光是「誠心誠意」是不足的。在誠心誠意之外，對客觀的事物先要有客觀的知識或分辨善惡是非的能力。所以「誠心誠意」的問題在於對什麼人什麼事「誠心誠意」。因爲「誠」本身並不具有任何意義與方向。最可怕的還是在是非善惡未分明之前，就成爲一名誠心誠意、勇往直進的好好先生。如果沒有客觀的知識，誠心誠意的人反而是最危險的人物。

佛教雖然也主張「中道」，可是「中道」並不是沒有內容的「中庸」之道。「中道」是反對走極端，倡導八聖道，守五戒，實踐開眼、知定、涅槃之道。

所謂八聖道是「正見，正思維，正語，正業，正命，正精進，正念，正定」之道。

筆者認爲「中庸」之道的積極型態是折衷主義，而消極的型態是超然主義或游離於社會之外的隱逸主義。

●超然是否定團隊精神、突出自我的ego

按筆者六〇年代以來參與社運的經驗中，經常發現熱心社運的人物有兩種類型。一種是深具遠大的目標與理想的人，這種人默默耕耘而極富團隊精神，不計個人得失而知道自己所應扮演的角色，爲人處事以「和」爲貴。

另一種類型是外表看來英氣煥發、眼光銳利，極富洞察力與行動力。這種人開會時大都滔滔不絕、意見特別多，對人對事的批評也不留餘地。可是一旦意見未受支持，頓時行動消極，一到緊要關頭也時常採取超然的立場。這一類型人物日語一般稱之爲「一匹狼」，台灣可能叫做「獨行俠」。

獨行俠在「生理上」並不見得都犯有「大頭病」，可是行爲忽冷忽熱，端視個人的興趣與心情而定，缺乏一貫性。任何的社運團體，多少都能找出這一類型的人物。除了喜歡強調自己是學者，立場超然的人以外，獨行俠也很容易走上超然之路。

綜觀近三十年來，台灣人的反體制運動，各時代有各時代的條件與特質。六〇年代的領導人最主要的條件是勇氣，可是七〇年代講究的是要領。到了八〇年代，可以說是突破的年代。七〇年代的領導人，往往以過去所累積的經驗，在自己所設定的安全圈內推動反體制運動，卻反而成爲運動的桎梏。八〇年代突破的精神比以往進步，可是九〇年代的領導人必須具有明確的目標與理念。六〇年代強調立場超然，沒有面對現實的勇氣之學者爲主流，另外隨著時代的變化，那群被時代所淘汰的角色只好也來強調超然。

台灣人不但主體性長久被剝奪，連台灣人意識也被壓制，在台灣人的精神史上，台灣人的獨立人格與存在從未受到肯定。

在台灣人尚未成爲台灣歷史的主體，以及確立台灣人全體的主體性以前，只有奴隸的立場而沒有超然的立場。有主體性的台灣人必有主體性的思考力與行動力，哪來超然的立場。

按筆者個人的體驗與觀察，台灣的超然主義者，不論動機是爲了摒棄世俗的價值而皈依宗教，或爲了克服人爲環境，而醉心隱逸、回歸自然，有時甚至是爲了看風水、觀墓相以選定今後的方位，超然的人物走向超然之路，大都是來自本身對刻刻在變動的時代與社會已再找不出目標，提不出理念，也承不起風險而超然。不得已的超然是一種獨善，也可以說是一種良心的墮落。

有思想、有理念、有立場的人物決不會走向超然之路。有主體性、有自覺、有決心的台灣人，應該知道未來的台灣將何去何從，自己應該扮演什麼角色，在堅定不移的信念與決心之下，只有不惜生命、堅持自己的立場，而不會走上超然之路。

對社會有正義感或責任感的人決不會超然，因爲超然的思想與立場本身是突出自我，否定社會存在的一種自矜、一種自傲，也是不負責任的態度，以及自私自利的egoism。

第22講 「正義」的階級倫理學

●古聖先賢的正義觀

「正義」雖然是大家在日常生活中最愛用的「大義名分」之詞，事實上也是最難解而又最富階級性的社會價值意識。

那麼，什麼叫做「正義」?古代希臘哲柏拉圖在《理想國》一書中，除了提出「理性」(智慧Sophia)、「氣概」(勇氣Andreia)、「情慾」(節制Sophrosyne)三魂之外，並指出靈魂全體之德爲「正義」。

柏拉圖認爲，以上「四德」在政治領域、國家結構中、統治階級、防衛階級和生產階級，各階級應該以各自的固有道德——智慧、勇氣、節制——來達成應負的社會義務，嚴守各自的本分。如此，國家的全民生活，方能達成完全的調和，「正義」才能實現。

若按柏拉圖的想法，正義是「各自嚴守各自的本分，互不相侵」。可是，反過來說，「正義是他人的善，自己的惡」，正義是爲他人的，對自己來說一文不值。他人之利是己之害。柏拉圖所說的「正義」，只是要求在社會生活中，適法、順法、合法、守法而已。

然而，「法」大都是統治者爲了統治的目的所制定的，守法等於侍奉統治者、強者的行爲。奴隸階級嚴守既成的社會階級秩序，尊法、守法，也就是永遠的肯定奴隸的本分。對奴隸來說，嚴守奴隸的本分是奴隸的正義，「正義」是奴隸的倫理、奴隸的社會規範。

亞里斯多德將「正義」分成「全體的正義」與「部分的正義」。認爲全體的正義是終極之德，也是德的全體。共同體的成員不但人人是實踐德的主體，也是實現德的客體。部分的正義是各個人的道德、名譽與財物的分配。這是分配的正義與匡正的正義。

「分配」的正義是地位、名譽、財物的分配，應按照共同體成員的序列、資格、作等比例的分配。以保持等比例，不然會變成惡平等而引起紛爭。也可以說是幾何學的平等。

「匡正」的正義是加害者對被害著損失的補償。是以回復損失、兩者再度均等化的算術比例的平等。等價交換、分配、淸算的正義，都是特殊或部分的正義。

前三世紀斯多噶學派的克柳西波斯（Chrȳsippos, 278～205BC）也指出，正義是「了解依各人相稱的分配」。西賽羅也認爲正義是「各人依各自的權利來取得分配的恆常不斷的意志」。

亞里斯多德將國家所應實現的正義，分成自然的正義與制度的正義。

當然，自然的正義是弱肉強食的正義，優勝劣敗的正義。有時也成強徒的正義、匪賊的正義。

按照自然的法則來說，加之於人的不正是善（利），自己所受的不正是惡（害）。因此不加之於人，也不受人之害的社會契約，成爲正義的起源。弱者自我防衛的契約也成爲正義。

自亞里斯多德以來，經霍布斯（Thomas Hobbes, 1588～1679）、洛克（John Locke, 1633～1704）、盧梭（Jean Jacques Rousseau, 1712～78）所繼承而確立的近代自然法論，是根據人的本性，以「正義」作爲人權思想的依據，並歷經近代的市民革命與獨立革命，而確立了孟德斯鳩(Montesquieu)所主張三權分立的社會思想。

●正義是多義性的社會價值

正義、正邪，甚至善惡、美醜是多義性的，有時也是對立的，他們經常依時代、國家、民族、社會立場的不同而異。道德哲學家對正義的見解或了解的歷史，也可以說是倫理學史。

正義是不可能超越時代或國家而存在。國家之德（利）是國家存立最基本的條件，也是國民所共有的條件。合乎國家利益的是正義，不合的是邪惡。可是善惡、利害、禍福的絕對性經常必須經過實際的正邪之爭後，觀其虛實，明其是非，方得其實，而脫出其相對性。

一直到了第二次世界大戰爲止，人類的歷史是列強爭霸及資本主義發展的時代，弱者服從強者是國際社會的正義，維護自由市場的原理也是國際正義。可是自從社會主義思潮興起以後，被榨取階級的解放，被統治民族的解放，分配的「平等」也成爲對抗資本主義思想、倫理的正義。

若依亞里斯多德的正義觀來看，廣義的正義是合法、順法、尊法、守法。從表面看來，法是正義的具體化、明文化、犯法受法律制裁是維護社會正義。可是法的制定大都是由統治者、強者來制定，以侍奉統治者爲前提。法雖然是基於實現社會正義的理念，可是「實定法」並不一定能實現正義。何況今日台灣中華民國的法，不但不是由台灣全民所制定，而且一直隸屬於統治者，成爲黨的奴僕，更無法實現社會正義。

不只是法的正義必須公平、公正，平等分配的正義也有勢不兩立的矛盾存在。基於功績（merit）的正義應有正當的報酬（just reward）。在競爭者中，賞賜無功者是不公平，提拔部下當然也要看以往的功績，發獎學金當然也要依成績順序才算公平。分配利益時論功行賞經常被看爲是分配的正義。

可是若是基於平等的原則論功行賞時，依優劣強弱的分配觀念，可以說是人類不平等的起源。人之存在是同價，權利均等的。對某人有利，對某人不利則是差別意識。對不同立場的弱者，應特別待遇才算是公平、正義。因此賞賜有利的人，會助長社會不公。

在這種近代「鋤強扶弱」的正義觀念下，成立了極端的社會福利制度，社會最下層的弱者得到了生活最基本的保障，上層階級被課以重稅。在這種分配的正義下，雖然貧弱者得到最基本的保障，可是有才能的、好運的人卻沒有特別的報酬。

事實上，正義本身有很多側面，有考慮「最大多數的最大幸福」的功利主義正義，也有顧慮到個人人權，爲人權而戰的鋤強扶弱的正義。

正義雖然是社會的基本價值之一，可是維護社會正義所面臨的最基本的問題時，就不得不與「自由」作正面的對決。正義大都是以「全體」的社會價值爲優先，可是自由是以「個人」的價值爲優先，以維護社會所保障的個人利益爲優先。

社會雖然是由一個一個的個人所組成，可是社會與個人之間，事實上不時發生利益、意見等等的衝突或對立，一方面不得不以社會正義來限制個人的自由，另一方面爲了維護個人的自由或人權而不得不反抗社會。

因此有不少古聖先哲認爲正義是「不實的」、「多餘的」，也有人認爲正義僅是「利人損己」

而已。事實上正義的概念是多義的，有時甚至是相對的；有法的概念，也有倫理的概念。

倫理的概念若用柏拉圖式的解釋則是：「惡是靈魂秩序的顚倒」。可是柏拉圖所說的「正義」事實上並不是社會的正義，而是屬於心中的正義，本來應該是屬於善惡的問題。

法經常以實現社會正義的倫理目的爲目標，可是，法的正義同倫理的正義還是完全迥異的。在倫理上，正義是屬於個別的德目之一，而不是包含所有的德目。比如正義僅是基督教的德目之中：信仰、希望、愛、思慮、正義、剛毅、節度的七德之一。

法的正義同德的正義雖然迥異，卻經常帶有倫理的色彩，有時也成爲統治者不可或缺的政治道具。

●台灣人的立場是台灣社會正義的根據

台灣社會特務無孔不入，連在海外的台灣人社會中也神出鬼沒。記得七〇年代中期，在日本關西地方有國民黨某特務因偷錄留學生言論，行爲不愼敗露，當時平時沈默寡言而被張良澤教授稱爲「聖人也」的連根藤，一時義憤而當衆報以鐵拳，該特務當場見勢不敢回手。可是後來卻向「上方」報告當日袖手旁觀的某些留學生「不主持正義」。

可見「正義感」是很主觀的意識，「特務」對上方所交代的任務盡責是屬於「守職的正義」，強盜集團公平分贓是屬於「分配的正義」。在台灣隨時隨地都可以聽到有人主張「正義」或指摘某某「不義」。不但有「義民」、「義士」、「義人」、「義拳」，連國民黨的黨軍也自稱「義師」。

誰都不會反對「正義」，即使認爲正義是「多餘的」、「不實的」、「利人損己」的，也不會反對「正義」。因此「正義」的概念雖然是多義的，有時甚至是「見仁見智」的，各執一詞的，可是主張正義，叫喚「社會正義」、「國際正義」的人仍然不絕。

話雖如此，正義有時也並不見得如此難以分辯。劫富濟貧，鋤強扶弱，聽起總比慈悲爲懷或雪中送炭具積極性，更富正義感。

本世紀來有關「正義」觀念最大的對立，可以說是「自由」與「平等」的對立，也是資本主義同社會主義價值觀的對立。自由主義者經常以自由、人權爲口號、社會主義者則以平等、解放爲口號來改革社會。

當然有人認爲也有比「正義」更重要的倫理：基督教的「愛」、佛教的慈悲、市民革命思想的私生子「博愛」，認爲沒有愛的道德是僞善，沒有愛的眞理是乾燥、不關心，是虛假、自我欺瞞，而沒有慈悲的正義是嫌厭，是不正之極。

可是，如果「正義」必定要以愛爲根底，那鋤強扶弱的「正義感」，應以強者還是弱者作爲愛的對象？筆者還是百思不解。

有一點必須肯定的是，台灣的「正義」之聲雖然響亮，到底音調還是不和諧，有外來統治者之音，也有反抗者正義之聲。

外來統治者是以法的尊嚴、社會的安全和安定、資源的分贓為「正義」。而台灣的群衆是以對抗強權、獨立自主為「正義」。可以說以反抗外來強權統治的「批判原理」為社會正義。「統治的正義」同「反抗的正義」，在台灣是相對而且勢不兩立。

第23講 「禮」的紅包學

●「禮」的倫理思想是如何發展而來的?

筆者所要講述的「禮」,不只是指台灣中小學升降旗的「禮」,向「國父一鞠躬、再鞠躬、三鞠躬」典禮的「禮」,聽到「蔣總統」三字時立即立正挺胸的「禮」,生婚葬祭、逢年過節的「禮」,迎送請託的「禮術」,我想談的是倫理道德思想中的「禮」。不僅談「禮」的形式,也談「禮」的具體內容。

與台灣人日常生活有密切關係的「禮」或「禮術」到底是什麼(本質)?同現在社會有什麼關係?是如何發展而來的?實有了解的必要。

在中國,自周公創設了奴隸制度(或稱封建制度),以「禮」作爲規制社會階級的上下統治關係，而成爲倫理的規範以來，至少已有三千年以上獨自發展的歷史與內容。隨著社會階級的生成、發展、崩潰，禮不但日益悖離社會生活的樣式，而且也與「法」產生了勢不兩立的對峙。

到了春秋戰國的時代，禮的必要性不但受到了老莊、墨子、韓非子的批判，連以「克己復禮」爲理想的儒家陣容內部，也產生了對立的意見。

比如孔教的正統繼承人之一孟子唱出「禮來自形，不如來自心」，可是被視爲異端的荀子反而認爲「以形改變心的是禮儀」，而強調形式主義。

古代中國之「禮」，不僅是今日還可看到的儀式或禮儀的格式而已，還內含禮、道、德、法，用來規制上下階級的垂直關係，以及一切公私生活的樣式。若按照封建社會的格式，「禮」嚴密地規定君主、諸侯、大夫、士、庶人諸階級的表面形式，各階級遵守各自的階級本分，以及禮典的格式。這是所謂的經禮三百，典禮三千的繁瑣禮節，不只外表、甚至要求有上下關係，內心也必須要畏敬、恭順。

禮本來是規範全體社會生活的秩序，可以說與今日的法律、政治、經濟、道德、宗教各領域一樣的綜合規範。可是隨著時代的推移，政治、宗教、倫理各領域的分化，日漸失去禮的意義與形式，最後還能保持原形的，只剩祭祖的宗教儀式而已。

孔子認爲「禮」是人與生俱來的本性，同「仁」「義」，「智」並列，因此，以禮作爲天下秩序的規範。

儒家思想認爲「禮」是諸德的根本，仁義道德非禮不立。《禮記》〈典禮〉中，事實上也指出「道、德、仁、義，非禮不成」。各個德目也可以要約成爲禮。禮不但是封建社會倫理規範的原點，也是階級社會的統治原理、階級統治的意識型態。事實上「四維八德」的規範中最具體的也只有「三鞠躬」或「立正挺胸」的禮而已。

「治國不以禮，猶無耜而耕也」，「凡治人之道，莫急於禮」，這是以禮來治國、治人。可是如果以禮代法來治國、治民，也只有「民可使由之，不可使知之」的愚民或奴隸社會才能得治。

禮是奴隸社會的倫理規範

「禮」是規範社會階級，以維持階級統治的永久化、固定化，所不可缺少的一絲不亂的社會秩序。也可以說是在封建社會中規定身分的高低、官位、長幼差別爲基調的制度。

因爲禮存在於一切生活領域，所以否定這一「安定秩序」的所有行爲是謂「非禮」。爲了維持身分秩序的安定，無論如何，禮的強制是必要的。

可是當家族、宗族封建社會的身分秩序開始動搖、面臨崩潰時，禮的秩序也開始動搖。以回歸舊社會的身分秩序爲己任的孔子，爲了維持既成的舊體制，不得不高唱「克己復禮」，要求非禮勿視，非禮勿聽，非禮勿言，甚至非禮勿動。袁世凱的尊孔尊禮運動，國民黨政府將「禮義廉恥」的封建階級倫理帶進台灣的學校，成爲共同校訓，也是爲了馴化台灣子弟成爲愚民，以維持面臨崩潰的體制。

每當舊體制面臨崩潰、社會既成安定秩序開始動搖時，必定出現「重禮」、「尊禮」運動，以重視君臣關係、貴賤尊卑的禮，來維持既成的社會秩序。比如在「新生活須知」中即指出：「何者爲禮，敬恭是主，守法循理」，以禮來畏敬權威，對領袖聞名立正、書寫空一格之禮，對權力者畏敬、恭順，恭敬來肯定體制的禮法，以馴化對權力者低頭的順民。甚至以「規規矩矩」「嚴嚴整整」的紀律將禮的格式軍事化來確立軍國的體制秩序，這是今日統治台灣體制的一貫本質。

在中國的傳統觀念上，禮比法優先。按《禮記》中禮的原則來說，法或刑不上大夫，禮不下庶人。法或刑可以說是對付蠻民的手段。

禮是以一定的習慣或禮儀的規則，來調和自然的秩序與社會秩序。朱熹稱禮爲「天理之節文、人事、儀則」，也就是社會的制度，儀式，禮節，制度品節。

「禮」雖然不是「正義」。按《說文解字》的原義，「禮」是爲了求得繁榮而供奉鬼神的犧牲。胡適曾指出，德語的「Sittlichkeit」（人倫）是最接近禮的意義。禮是道德上的當爲（Sollen）、社會的秩序、宇宙的原理。

當然中國也有「法」，可是禮是至高的規範，缺乏西洋法律背景的權利意識。從西洋法學的觀點看來，中國法的範圍極偏狹，僅等於刑而已。實際上現在台灣的法，也僅止於刑，除此以外就得聽命令或看錢辦事。人民對於法的權利意識不高，所以君子最高的理想不是權利的主張，而是以和解互讓的「中庸的禮儀」作爲理想。

儒家思想排斥法治主義，主張德治，也就是由有德之人來推行人治，由有德者來實踐禮，人就不會反道而知恥行善，若僅施法行禁，人民還是會蹈法網而不知恥。

儒家所謂之德，就是先王之道，也就是尊從統治階級傳統秩序之「禮」，是復古而不是求新、創新。爲了維持社會秩序，儒家認爲不是依法，而是回歸古代的德、禮。

儒家不信怪力亂神，一面敬鬼神而遠之，一面又主張祭鬼神，而以「天命」作爲使命。如何知「天命」就是求知，由格物、致知，而至於誠、正、修、齊、治、平之道。事實上這也是只有士大夫才能到達之道，與一般庶民是無緣的。

這一點，日本東洋學的碩學律田左右吉教授也曾指出：「儒教與民衆是不具任何的關係。」

那麼禮的本質到底是什麼？

禮與階級社會的出現一同誕生，是約束人與人之間的階級關係不可或缺的倫理規範，也可以說是統治階級的意識型態之一。

「禮」在《荀子》〈正名篇〉中是一種階級制度，有貴賤等級、長幼差別。爲了壓制慾望，使人各自安分守己，必須有規定階級身分之禮。

「四維八德」之一的「禮」，不但是從外面規制社會階級中人與人之間的形式，內面也是強制上下身分秩序的尊、敬、恭、誠的奴隸道德。

因爲禮是階級社會的歷史產物之一，所以經常隨著階級的生成、發展、崩潰、再生，而內容意義也隨著時代與社會的變化而被修正。

比如「四維八德」之一的禮，被修正爲「規規矩矩的態度」與「嚴嚴整整的紀律」，也是受了法西斯主義的影響，而產生的右傾集體主義意識型態的一個歷史反應。

在奴隸的倫理中，應如何來當奴隸，「仁義」可以說是規定人與人左右關係的「橫」的倫理，而「忠孝」是規定主奴、父子上下關係的「縱」的道德。「忠、孝、仁、義」是發自內心的倫理，而「禮」是來自外面的外在形式的倫理規範。

●「紅包」是禮的最高發展型態

漢民族可以說是在形式上最重虛禮，而實質上最重實利的民族。「禮」雖然是維持社會階級垂直關係的形式與實質，可是時常隨著時代的變化而淪爲虛禮。

人在本質上是很難滿足虛禮的，對於實利主義的民族來說更難忍受。因此，在本能上爲了克服虛禮，或者充實虛禮的內容，使之成爲實質或實利的實禮所開創出來的具體表現就是「禮物」。也可以說是由虛化實，以實質來代替形式。這是極其自然的推移，並不必要有什麼時代的天才或特定人物的發明或開發。

有人認爲禮的形式中最高的發展型態是侮辱人格尊嚴的「三跪九叩」之禮。事實上，這種「禮」僅是禮的形骸化而已，最高的發展型態應該是「紅包」之禮。

當然，在日常生活中，如衆所知，禮從抽象的虛禮，轉移到人人皆大歡喜的實禮，並不是指「三鞠躬」或「三跪九叩」之禮，而是台灣最盛行的「紅包」之禮。「紅包」可以說是傳統漢文化中最具特色，而又單純的禮節。雖然僅能意會，不可言傳，且能以心傳心，不必像典禮三千那麼繁瑣虛僞。紅包是漢文化中最傑出的一大發明，實不下於羅盤、火藥、印刷術。

因爲對受禮者來說，「紅包」不但能滿足精神的（自尊心的）慾求，又能滿足實利的（經濟的）的慾求。

「中國的政治從任何角度看來，除了賄賂的政治以外別無他物。」這句話並不是筆者所說的，詳細內容可以參閱《講座‥中國II》〈舊體制的中國〉（筑摩書房）。當然，也不一定要多讀《官場現形記》等等這類的古書。台灣的日常社會生活，比這些東西更有內容，更精采。在此已不想再饒舌。

孫文也可能深深了解中國的傳統政治，因此一反世界主流的「三權分立」而發明了「五權分立」，想以「監察」來監視「貪官污吏」。換言之，監察權的分立是中國文明最大的恥辱。反正中國人最喜歡權力分立，分得越多越皆大歡喜，因爲有權就有錢，權力分配越多，中國社會未來越有前途。因此「五權憲法」事實上不如「十權憲法」。

自秦漢帝國以來，二千年來的官僚政治是中國賄賂政治的母體，「買官賣官」的市場交易經濟自漢代早已開始，「作官發財」、「升官發財」的官場「常識」也是誕生在這一歷史背景。

要當中國官，當然必須要很大的投資，不只是「買官賣官」、「十年寒窗」，亦得長期投資。因此資金的快速回收，乃合乎經濟法則的一大急務。

所以，「官久自富」、「官人見錢，蚊子見血」、「官不打送錢的」的俗諺自有其存在的眞理。

雖稱「官清衙門瘦」，即使如此，「三年清官府」至少也有「十萬雪花銀」，不可低估。

「紅包」雖是漢文化的歷史產物，是同階級社會的誕生而出世，更隨貨幣經濟的發展而發展，內容更加充實，與禮的價值體系的完成而支配中國社會的任何角落，更隨著漢文化的擴散而發展到海外的台灣，成爲支配現代台灣社會生活的形式與實質。

可以說紅包不但是台灣人「生婚葬祭」時禮尙往來的形式，也是政治與經濟行爲的交接點。所有台灣社會人際關係不可也不能缺少的紐帶。

傳統習俗的「喜事」，紅包的大小是人情世故輕重的衡秤，「禮」的厚薄大小是最具體表現，也是親疏的尺度。

可是「紅包」在台灣的眞正威力，或更高層次的昇華，並不在於小市民的生活領域，而是在政治領域所展現的神通。從選舉、申請許可到訴訟，眞是非「禮」勿談，非「禮」勿行。「紅包」在台灣所具有的神通力，是無人可以否定的。

可是筆者前面雖稱「紅包」之禮是漢文化的歷史產物，所指的僅是「歷史的產物」而已，並不一定與民族性有關，反而是與統治體制有密切的關係。因爲制定法律的是權力者，而守法的僅是人民而已；沒有權力的人是收不到紅包的。

只要看看二十世紀前半同後半台灣人的「紅包哲學」即可一目瞭然，看來看去，「紅包」

還是體制的產物，與民族性無關。

權與錢的「國語發音」近似，雖然並不一定來自同一語源，即使是巧合卻也一拍即合，權力＝錢力的公式，也許已不會再有人否認。本來是「情理法」支配的「情況倫理」的社會，也由於「紅包」的出現而成爲「有理無理將錢來」的社會。

誠如老子所言「大道廢，有仁義」，紅包出而有清廉。本來僅是「官場」的非倫理規範，一到了「紅包」大行其道的社會，連天眞爛漫的小學生，也不得不在小小心靈中，灌輸「禮義廉恥」的「廉」，實在貽笑世人‥世上哪來強求純潔小孩守廉節的文化？

紅包的社會功能如此重要，僅讓其一直潛伏地下，形成暗流，無人去發掘。在保存民族文化或「政治經濟學」的研究上，實爲一大文化損失。爲了了解，甚至開發「紅包」的神通，台灣的大專院校有開設「紅包學」講座之必要，並務必聘請大賈或大官臨場講述實學，以免被以「學問的客觀性」爲使命或當招牌的學者所把持，而流爲空論的虛學。

第24講　「不通講」的政治學

●台灣人傳統「三不通」意識的變化

日本日光東照宮馬廐有被稱爲「三不猴子」的聞名雕刻——不看、不聞、不說的三隻猴子。這是德川家康幕府統治日本近三百年的治人政治哲學，也是封建的統治倫理。希望百姓以這三隻猴子爲偶像，能做不聞不問的良民。

這種模範良民的思想來自儒教，是孔子的「非禮勿視，非禮勿聽，非禮勿言」的教訓。「禮」當然是指體制的上下左右關係的社會階級秩序，也是封建社會治國治民的倫理規範。

以前台灣也有類似這三隻猴子的「不通××」的庶民倫理，也就是近似戒律的「不通飲（酒），不通賭（博），不通開（查某）」的人生訓示。可是到了戰後蔣氏父子治台的時代，這「三不通」的三戒也隨著歷史社會環境的推移，內容也有了變化。傳統的「三不通」並不是變成國民黨政府大陸政策的「三不通」，而是由台灣人在新時代的歷史環境下，自律的演變而成「不通講政治」，「不通管閒事」，「不通相明」或「知著好，不通講」的「三不通」（不通台語讀m tang）

在這種「三不通」的戒律之下，一直到七〇年代末，海內外的台灣人都曾目睹過人類史上所未睹的社會怪象。

有一段時期，台灣留學生一到海外，當地親友或同學來接機後，都會立即告誡：「不要參加任何集會，以免被人利用，自找麻煩。」

S君在東京大學拿到博士學位後，一時在國外找不到適當工作，不得已想回國執教，可是又怕長久在海外留學生活中，萬一言行有失，遭到誤會。計上心來拚命在御用團體的刊物上大寫反共八股，以示忠誠，並貼上護符來避邪。

T君在學校一不小心，拿到了一張被認爲「思想有問題」人物的名片，在驚恐不知所措之下，隔日立即趕往領事館自首，交出名片以示清白，並要求登記備案。

K君爲了防止收到反政府言論的刊物，曾向校方要求嚴守私人地址的秘密，以免被第三者發現他有「偷讀」問題刊物之嫌。

這一時期的海外留學生實在有如驚弓之鳥，風聲鶴戾，有時懷疑四周都是特務，不時有人在「拍照」、「記名」，因此大都各自設定自以爲是的言行尺度，自我規制言行。

台灣人不僅服務主人當奴才，甚至必須經常向飼主表態，用盡方法來表明或證明清白，以免被「人」誤解。

台灣社會在「一君萬民」的傳統政治結構下，以巨大的官僚組織引進近代的科學技術，獨占軍警與大衆傳播的體制下所形成的絕對權力與權威，必然帶來黨國體制意識的絕對化和群衆的無力化。

更在「勿聽」、「勿言」，「勿動」的傳統奴隷倫理的馴育下，大多數的台灣人都形成了一種特殊的人格，也成爲台灣國民性格的特質。

這一國民性格最大的特色是思考、言談、行爲的乖離現象。想的是一套，說的是一套，做的又是另一套的三重人格結構。這種人格特質，雖然經常出現，可是在獨裁或恐怖政治體制下，台灣人在蔣治時代所形成的國民性格，卻是人類史上罕見而突出的。

●「不通講政治」的政治哲學

以前到領事館辦護照延期手續的台灣留學生，經常聽到官員的好言相勸：「最好麼事都不要搞，以免引起別人誤會，好好唸書，不要管什麼政治不政治。」

不但政府官員這麼忠言勸告你，父母也這麼說，長輩也這麼講，好朋友、女朋友也都如此。有的甚至還會再加上一句：「留學生應守本分，學生不好好唸書，還談什麼政治，天天談政治，怎能唸好書。」

如果按照這種論調演繹下去，農夫好好耕田、工人好好做工、商人好好做生意、官員好好高談政治，是謂安分守己。

主張不要談政治的人，事實上已經在談政治。在論理學上，是屬於一種政治行爲中「要不要談政治」的不要談政治的「政治主張」，也是反對「談政治」的「政治主張」。若從「擁護體制」或「反對體制」的政治立場來看，是屬於一種「擁護體制」的主張。即使不直接主張「擁護體制」，事實上已經是站在肯定體制、擁護體制的立場。在現有政治體制下，也不會因你不談政治，就能逃離現實的政治支配。

「不通講政治」是所有政治主張中，最間接又狠毒的政見。只許權力者實質的政治統治，而不許他人有意志表現的自由，就是一種政治獨裁的主張。「不通講政治」的威力也只有在獨裁政治的社會才能發揮，並具有其存在的意義。

對政治沒有興趣而不談政治的人，事實上也是一種政治態度，也不會因爲對政治缺乏趣味，而免於政治之支配。

中國人喜歡談政治，更喜歡「政治掛帥」，特別是文革期間幾乎到達史無前例的高潮，對政治不熱心、沒興趣的遊民散民都難逃鬥、批、改，絕沒有人不敢談，不要談政治。

可是在這段中國政治熱的時期，台灣人喜歡談經濟，談要按怎賺錢，到達最高潮。可是曾幾何時，台灣也開始出現了政治熱，中國反而不談政治而改談經濟，叫大家「向錢看」。

不可思議的是，台灣人有時將「政治」看做「閒事」。政治是屬於「天下事」，也是屬於天下的一切事物，因此「政治」有時也屬於「閒事」概念的內涵。「不通講政治」從語言世界進入行爲世界時，就一躍成爲更積極的「不通管政治」。有時「不通管閒事」也是「不通管政治」的同義語或更廣義的代名詞、抽象語。

「閒事」到底是什麼？要定義「閒事」的概念實在不簡單，台灣人所謂的「閒事」，是任何漢字大字典均難以完備解釋的名詞。「閒事」在台語中並不僅限於「等閒之事」，而是指「自己以外」的一切天下事，凡是對於「自己無利可圖」或「不感興趣」的，不屬於「自己」或不以「自己」作爲同心圓的切身之事，均屬「閒事」。

台灣社會大都將「私事」當做「本分」（編纂「台語大辭典」的語言專家要特別注意這一點）的問題，而「公事」是屬於「公家」的，而不是屬於「公衆」的「公、私」分明。因此私德發達而公德不興。公德不守，因此社會環境與自己環境已加速惡化。除了「吃飽相閒」的人以外，大家「不通管閒事」，社會失去了公衆制裁的力量以後，黑道開始抬頭。台灣社會除了自然環境的公害以外，也增加了威脅社會安全的人的公害。

「不通管閒事」與其說是屬於「自掃門前雪」的問題，不如說是屬於「明哲保身」的問題。而經常是屬於一種「不通講政治」與「不通管政治」意義的延伸或普遍化現象。

可是當「不通講政治」同「不通管閒事」的禁忌開始失靈或動搖時，繼之而起的是「不通相明」或「知著好，不通講」是折衷裏主義的奴隸倫理與論理。

「不通相明」是屬於一種「雞鳴狗盜」的倫理，而「知著好，不通講」是屬於只可意會不可言傳的政治藝術，與其說「沈默是金」，不如說是放棄表現的自由，暫時做奴隸的思想。

●只問「著不著」，不管「通不通」

台灣人爲人處事的事實判斷與價值判斷中，經常少不了「通不通」(可不可)與「著不著」(對不對)意識的左右。

「通不通」是實踐可行性的判斷問題，而「著不著」是屬於認識是非、事實判斷的問題。台灣人的價值觀在實踐論的領域內，「著不著」的是非經常是次要的，而「通不通」的價值才是主要的。「通不通」在台灣人的價值判斷中，經常是最重要的支配意識，也是傳統價值判斷中的一大基準成爲台灣人日常生活中最普遍的價值。

可能不只是你們的父母兄長輩，甚至親友也經常叫你「不通管閒事」或「知著好，不通講」。雖然「不通講」或「不通管」是屬於行爲主體的「自由意志」問題，不一定是受制於他人的「自制、自律」問題。可是除了反傳統的人或現實的否定者以外，「不通」雖不是社會的當爲，卻時常是社會的詛咒。

如果「著不著」的價值是隸屬於「通不通」的價值意識，那麼，其所形成的價值體系是「奴才」的價值觀，所養成的性格必然是奴才的根性。

「通不通」並不一定是成文的法律規範，也不是什麼倫理規範，而是由主人的權力與權威的恣意所決定的一種依時、依地、依人而異的無形禁忌。這種禁忌並不是對神的禁忌，而是對主人的或國家權力的禁忌。

本來「通不通」是由自己的利害關係與長久以來知識的累積，所得來的行爲價值判斷。可是其背後若沒有「著不著」（廣義的概念可能包括是非、眞假、實虛以及該不該、對不對的當爲判斷）的知識作爲判斷的準繩，「通不通」是盲目的、虛妄的。

探求「著不著」的問題，是辨明眞假的（認識論）、是非的（價值論），正當不正當、該行不該行的當爲問題，是台灣人「科學的合理性」思索與行動的問題，也是探求眞理的行動原理。

當然「通不通」同「著不著」的價值意識不一定是對立的，只是當「通不通」同「著不著」的價值判斷發生對立或勢不兩立之時，台灣人大都選擇「通不通」而不會去考慮「著不著」。也就是說台灣社會中關心眞理、正義的人少，而顧慮觸犯禁忌的人多，而經常以「不通聽，不通看，不通管，不通做」來規制自己或訓誡他人。

一般來說，所行所爲是否正當的價值判斷問題是另一個問題，上方喜不喜歡、許不許可才是大問題。因此「通不通」一直是「著不著」的大前提，不論行爲正不正當，反正不受歡迎或不被允許的皆「不爲也」。如此一來，在台灣眞理將永遠成爲權力的下僕，「著不著」也一直無法得到市民權。

「通不通」的意識是保守的，順從的，而「著不著」是革新的、反抗意識的。因爲社會的進步發展經常是基於「著不著」的智慧及科學精神作爲根據，「通不通」僅不過是追隨權力或權威的意志而已。

世間從來沒有不變之事物，眞理也是相對的存在，也經常隨著時代的變化而變動。有時昨日的「三不通」也會形成今日的「三通」。「不通」的禁忌也經常隨著權力或權威的動搖而動搖。

可是不管是誰，只要有刹那間，未經思慮到「著不著」即考慮「通不通」，這種人即使不是權力或權威的奴才，也是不辨是非不明事理、喪失正義感的奴才。

知識的探求必須摒棄「通不通」，而從「著不著」的關心開始。所有知識創造的源泉，也是來自反抗既成的權力或權威，從反抗中求得意志的自由。因此法國作家卡謬（Albert Camus, 1913～60）說：「我反抗，故我在。」

社會的進步發展經常是從否定既存的「通不通」的價值體系，而回歸「著不著」的精神。因此，必須「不問通不通，只問著不著。」

第25講 「奴才」的馴育學

●從奴化到家畜化的台灣人

台灣是移民社會，很難以既成的社會發展階段論，來分析台灣社會的發展形態，這是筆者一貫的主張。可是若以外來統治者的治台政策來看，可以發現數百年來，台灣的統治史有三個不同的發展（或推移）階段。

三個不同的發展階段，來自三個不同性格的外來統治集團，各自反應三個統治集團的特質與時代背景。這是清治時代的「野化政策時代」，日治時代的「同化政策時代」，蔣治時代的「奴化政策時代」。

清治時代對台灣海島是以隔絕與野化的政策作爲治台手段，一直到十九世紀末列強勢力東漸後，才開始解除海禁和開山之禁。清治二百多年間，從化內之地逃往化外之地的台灣人，有如自生自滅的野生動物，被隔絕於化外之地，有時也成了獵捕剝皮銷售的對象。

到了日治時代，日本人學法國人對阿爾及利亞的統治方式，推行同化政策。分成內地與外地，並模仿英聯方式，依英格蘭統合蘇格蘭、威爾斯、愛爾蘭等模式，大力開發台、鮮、滿，使之內地化而成爲大日本帝國的一部分。這點與清治時代和蔣治時代有很大的不同。

蔣治時代初期，雖然台灣人經常被罵受了日本的奴化教育，所以台灣人的奴性強。事實上台灣人如果奴性強，對蔣治時代的驅使奴才是極其有利，且求之不得的。

事實上，台灣人的奴化政策，並不是從清治或日治時代開始，而是從蔣氏父子的治台時代開始。從政治學上看來，蔣治時代的外來政權，有下列三個特色：

第一是國家機構是統治階級對被統治階級強化階級支配的機構。

第二是國家權力的獲得不是來自台灣社會，而是外來政權的支配。因爲政治權力不是來自社會之內而是架設在社會之上，所以社會日漸物化（Aliehatdon或Estfremdung）。

第三是民衆的奴化，甚至家畜化。

今日自恨自嘆台灣人「奴才仔命」的人已不多，即使是中國政府四十多年來時斷時續的叫喚「解放台灣」，聲聲句句要給台灣人「當家作主」，甚至以「統一」的大義名分來代替「送做堆」。台灣人中自覺到是「做人的奴才」之人還是不多。可是奴才的存在也不會因你沒有奴才的意識而否定奴才的存在。這一點魯迅也曾經提醒過。

魯迅曾在〈燈下漫筆〉中指出：「中國人向來就沒有爭到過『人』的價格，至多不過是奴隸，到現在還如此，然而下於奴隸的時候，卻數見不鮮的。」魯迅乾脆將中國歷史分爲：「一、想作奴隸而不得的時代，二、暫時做穩了奴隸的時代。」

一談到奴隸，很多人可能會聯想到古代的奴隸社會，對近代人的奴隸意識不強，也不見得能體會魯迅的奴隸觀。

黑格爾曾以「自由」爲尺度，將歷史社會的類型分爲：「只有一個人有自由」的「亞洲型」、「少數人有自由」的「希臘型」、「大家都有自由」的「日爾曼型」社會。只有一個人有「自由」的社會，也就是亞洲式專制獨裁的「一君萬民」社會。除了君王以外其他都是奴隸的黑格爾的「社會類型」觀，或是黑格爾有很多的「主・奴——支配辨證法」來理解魯迅的奴隸觀，更有助於了解台灣的奴隸社會的結構。

●台灣人家畜化的台灣社會結構

在「一君萬民」的傳統社會，台灣的統治集團除了具有上述政治統治的特質以外，又加上了黨國的經濟獨占。

自國民黨入主台灣以來，繼承日本人殖民地的統治遺產，以金融機構為核心，以基礎產業為基礎來確立官僚資本的統治體系，掌握台灣所有的經濟資源。

黨國經濟獨占體系的特色是以「以超經濟的方法」來取得黨國的財富，加速台灣人私有經濟的階層化。私有經濟隸屬於官有經濟，經濟隸屬於政治，這也是台灣人奴化政策的一大特色。

國民黨的奴化教育是以復興中華傳統文化為主要目標。以往筆者經常指摘台灣教育的兩大特色是，只有知識的教育而沒有智慧的教育，只有求同的教育而沒有求異的教育。統治者雖然以「反共」為國策，事實上教育政策完全與社會主義教育如出一轍。教育目的在於剝奪人民獨立自主的精神，以馴育奉獻體制的奴才為最大教育目標。這就是台灣奴化教育的最大特質。

僅靠記憶力的知識教育，不但壓制了人類與生俱來的腦力機能多元化的發達，更扼殺了台灣數以千萬青年學子的創造力，致使台灣人的分析力、洞察力、推理力、判斷力、歸納力、演繹力……等等所有綜合性的智慧完全被抹殺。奴化教育不但以記憶力來壓制所有的大腦機能，近半世紀來，更以「考試」作為過濾手段，專靠記憶力，記憶時代錯誤的知識，方能求得上進的機會。近半世紀來台灣奴化教育的荼毒，實遠勝於二二八的大屠殺。

以知識與求同爲主軸的學校奴化教育，加上了以獨占傳播媒體爲主軸的社會奴化教育，更加速了台灣人的家畜化。

可是學校教育與社會教育有所不同。學校是由飼育至馴化家畜的場所，而社會是台灣人被馴化、家畜化來放牧的場所。

一般來說，家畜化的動物較順從主人，攻擊性開始退化，所有自律性的行動也因而退化，所以較容易役使，也比較聽話。有的如同犬貓，較容易接近主人而成爲主人的忠犬或寵物。也有如同牛馬，雖然肯耕作勞動而又默默無言，卻不喜歡與飼主親近。

可是野馬對草原或森林總是比高貴的馬廐還愛好，不受役使的自由人，縱使當豐衣足食的飼料鷄，總比不上當野鷄自由自在。

「主」是以「對自存在」(Fürsich sein) 爲本質的「自立意識」。而奴是爲他人而生的「非自立意識」。主人有選擇與決定行爲的自由意識，而奴才的行爲只不過是主人的意志投影，支配權的確認而已。

沙特雖然說「人在任何場所都是自由的」，可是人的自由僅是具有自由的可能性而已。現在的社會，自由需要個人自由意志的力量。自由與人力是成正比的。連個人的命運都是無法從個人的自由意志來作決定的台灣人，不是奴才、不是馴服的家畜是什麼？

●「古意人」是理想的奴才偶像

在資本主義社會裏，每個以自己的職業自傲，以勤勞作為倫理精神，具有獨立自主的精神，充滿活力的創造性，這種努力不懈的人備受尊重。

可是在社會主義社會下，具有階級意識與社會聯帶感，遵守集團規律、健康的身體、科學理論的知識、領會實際生活的技術、憎惡資本主義，而具有民族愛、祖國愛的社會主義戰士經常成為理想的偶像。

新興國家中大多以反殖民地統治，為獨立建國而戰的民族解放英雄作為偶像，以啓蒙者、民族主義者為理想。

在黨國奴化馴育下所培育出來的是「反共抗俄」的義士、「三民主義」的模範生，除此以外，是以「明哲保身」、「安分守己」的「古意人」或「老實人」為理想。

「古意人」的條件，並不必要有遠大的理想或創新的欲望。當然所謂階級意識、民族精神、科學的知識也沒有必要。必要的僅是「逆來順受」的奴隸倫理，對人對事無差別的忠實、誠心、誠意，「老實」即可。因為，「古意人」認為反抗是惡德，安分是美德，也可以說是支持統治階級的群衆基礎。

近半世紀來，台灣人的統治集團爲了達成特定的國家目的，以封建的倫理、民族的英雄來馴育青年學子。並經常選出侍奉體制的「優秀青年」，或以反社會的個人慈善行爲來提倡「好人好事」。因爲這些「優秀青年」、「好人好事」代表，可以說是黨國體制日夜追求的理想奴隸偶像。

雖然黨國體制不斷以服從「領袖」、熱愛「國家」來培育「犧牲小我」的精神。可是統治者與被統治者，主人與奴隸的「利害關心狀況」並不一致，這是「奴才」同「武士」不同的地方。

若按馬克斯的理想人物觀來看，並不是「來世」的，而是熱衷於「現世」而埋頭苦幹的人物；也不是對「死」苦惱的人，而是追求有意義、有價值的「生」。有意義有價值的人生，也可以說是能在改革社會活動找出幸福與滿足的人生——經過種種努力而創造出豐富人生的鬥士。

「古意人」最大的缺陷是不明現存社會的矛盾，對社會同自己關係的認知也缺乏自覺。只是在人格的領域成爲「古意人」，絕不是具有獨立人格的「自由人」。因爲逆來順受而無反抗的人，必定缺乏內省、缺乏拒絕被強制而來自內心的自由意志，不可能成爲有主體性的自由人。因此，「古意人」是體制的奴才。

無法與現實政治對決的人，自己的善惡行爲絕對沒有絕對的價值基準，也沒有凝視或深化內在生活的熱誠。這種人可以說是體制的奴才。因爲他們缺乏主體的省思，沒有熱誠以自己的雙手來構築屬於自己的理想社會。

今日台灣社會最需要的倫理或理想的人物，並不是「古意人」，也不是有人格的「個人」，而是能認識現存體制的本質，了解現存體制的矛盾，而有覺醒的反抗人物，來否定現存體制的奴隸倫理、否定奴隸價值體系的思想。

因爲反體制的人物，已不再信仰老朽的神話，拒絕所有壓制而具有主體的自由。具有主體的自由，方能調合自己的個性與特質，發展自我，成全自我。在社會中尋出自我，成全自我方能認識社會眞正的矛盾，創造或構築未來的歷史。

台灣社會不要「古意人」，需要的是否定奴才價值體系和反體制的「播種者」。

第26講 「善惡」的辯證學

●人性本善與人性本惡的性觀

影響台灣知識分子善惡觀最深且廣的，可能是孟子的性善說與荀子的性惡說。從人的本性去論善惡的起源，去談善惡的本質，不管人性本善或人性本惡，至少都可以肯定「善惡來自於人的本性」爲前提，理論才能成立。

類似這種「二者選一」式的認識論，不僅限於「善、惡」之論。以「兩極概念」爲命題的類似爭論，比如「英雄造時代或時代造英雄」等等，在台灣言論界非常盛行，而且樂此不疲。

孟子繼承了《詩經》〈大雅蒸民〉演繹而來的性善說，以惻隱、羞惡、辭讓、是非的心理事實來說性善，以基於仁義禮智四端的心理事實來談性善。可是由於孟子對「本性」的定義模糊不清，而窮於說明惡的根源，僅指惡是被人慾蒙蔽的結果。性善說與性惡說相同，僅強調人性的一面，缺乏理論的合理性。

善惡的評價常因人因時而異，若依人的恣意來評定善惡是很難的，因此荀子認爲決定善惡的基準應由超越者＝天命來決定。同他人共和爲善；相反的，與他人爭鬥爲惡。妨害共和爲惡，防止爭鬥爲善。

荀子認爲人性本惡，善是虛僞。正理平治是善，偏險悖亂是惡，性惡的根源來自利己慾望。荀子是以「結果論」的立場來看道德行爲的價值判斷。

荀子認爲性惡可以由教育或修養來克服，這種倫理的惡是屬於現世的惡。佛教的「宿業論」認爲人的本質是惡，行惡是運命，是「過去世」（前世）的「業」，前世所行的善惡之果。古代希臘人也認爲走向邪途（惡）的力量是來自「宿命」（宿業）或「迷妄」。

基督教認爲惡是亞當以來的「原罪」，是由人的自由意志離叛神而來的。罪惡的解放可以由信仰來贖罪。原罪論雖不是宿業論，可是極爲類似。

康德的「根本惡」（das radikakle Böse）也是來自原罪的思想。可是到底神創造世界時，爲何要有惡的存在，至今在神學上尚未有滿意的解說。

「原罪」與「根本惡」雖然近似荀子的性惡之說，可是在西洋的思想家中，英國的唯物論思想家霍布斯的主張最接近荀子，而被稱爲功利主義完成者的J.S.米爾也與孟子的性善說類似。

佛教思想中也有類似孟子、荀子的性善、性惡之爭。華嚴宗、法藏的「性起唯淨」的性善說，同天台宗的「性具說」的性惡說，成爲對比。

如果人性本善，那麼入「無間地獄」的極惡之徒，到時也可以萌生善根而得救。佛教沒有「永久責罰論」，所以沒有人永久下地獄。爲了使惡人亦可得救，所出現的佛教思想是親鸞上人的「惡人正因說」，主張「惡」是往生的正因。惡人正機思想可以說是佛教平等思想的基本。本來未被各宗所承認的凡夫往生之思想，經過淨土宗「善人也往生、何況惡人」的惡人得救思想而隆盛。

●善惡的根源來自何方?

善惡的起源，雖有性善與性惡之說，可是人的本性到底是什麼?並沒有明確的「概念」規定，也沒有共同的「概念」。

亞里斯多德認爲「惡」是基於「無知」，可以由善的實現來克服。

佛教認爲，人因貪欲、怒、恐怖、愚痴四因而行非道。「三不善根」中的貪欲、瞋恚（怒）是「惡業」根源的煩惱。煩惱的根源是愚痴，愚痴是「無明」（無知）的根本，不明眞理的無知——同亞里斯多德看法一致。佛教的「不善根」與康德的「根本惡」思想成對比。

奧古斯丁在《懺悔錄》中曾指出，惡的根源是來自人的「自由意志」，而不是神。因爲人有「自由意志」，因此康德認爲人要從本性的「根本惡」回歸善，這是一種「人的心術革命」。

王陽明認爲「良知」是道德判斷、實踐行動的主體，自發的良知是善。良知是先天的、內在的、普遍的存在於萬物，而與人的私慾對立。王陽明的心學重直觀的悟性，強調認識與判斷是非善惡的主觀性與心的主體性。

可是近世西洋的經驗論與唯物論並不從神的、先天的或超自然的觀點去探求善惡的起源，而認爲人的精神本來是一張「白紙」（tabula rasa），後來由於經驗的累積而產生人的性格與差別。也就是說，善惡是人的環境產物。因此善惡的區別是相對的，而不是絕對的，也是現世的。

比如英國的哲學家曼德維爾（Bernard de Mandeville, 1670～1733）在他的諷刺著作《蜜蜂故事》（The Fable of the Bees, 1714）中，認爲社會的進步反而是由於多數的個人野心、利己心、競爭心而來，認爲「個人的惡德是社會的福祉」。霍布斯認爲「人的慾望不惡，沒有慾望才是惡」。

對於否定人慾望的禁慾主義道德觀是一大反抗。

馬克斯主義思想從人的社會生活與歷史條件去理解善惡的觀念，更認爲現代社會惡的根源是人對人的支配與榨取，並認爲只用道德教育的方法根絕惡的根源，必須經過社會改革。

精神分析學的開山祖佛洛依德認爲人的深層意識中潛在著性、小兒的、非道德的根性。而心理學大家容格卻認爲，心理深層深藏著「睿智」。

一般通稱佛洛依德的地下室主要是深藏著人的惡德，而容格的地下室貯藏著人的智慧。若以佛語來說，佛洛依德的深層意識是阿拉耶識，而容格的是如來藏。

可是人的深層心裏到底是深藏著什麼？這對探求或認識善惡的根源與本質是重要的。那麼到底善是什麼？惡是什麼？雖然英國哲學家G.E.莫爾（Moore, 1873~1958）主張善是無法定義的，要解釋善是什麼的本身就是一種錯誤。可是即使善無法定義，經常追問善是什麼，對事物的認識與實踐則是必要的，是人悟性的內省、理性的意志。

超越善惡的彼岸思想

台灣人的善惡觀，因受傳統善惡二分法的影響，經常從善惡二元論或一元論去看善惡，因此大都欠缺佛教思想中「不善也不惡」的「無記」觀，或超越善惡彼岸的善惡觀。這點也可以說是台灣善惡觀的一大特色。

「阿毘達摩」論以「善」、「惡」、「無記」（非善非惡）爲三性。部派佛教再分「無記」爲「有漏無記」與「無漏無記」。

善是安穩之性而得樂果，惡是不安穩之性而得苦果。是善因樂果、惡因苦果，而非善惡之果。善因樂果，惡因苦果的想法同世間上勸善懲惡的善惡論、幸福論、功德論一樣，是屬於有漏輪迴界的善惡報應思想。

善有有漏、無漏之分，有漏能得未來的樂果，無漏者得涅槃。善惡是以「業」的因果觀念爲基礎的道德觀。佛教所追求的終極目的是涅槃業的因果，是超越道德善惡的，稱爲「勝義之善」。

佛教最具特色的思想是善惡報應的思想。本來善惡的探求是倫理的問題，生死的探求是宗教的問題。本來求道是精神內面問題的探求，可是由此而深化到彼岸時，就成爲宗教的問題。倫理是探求什麼才是道？什麼是善、是惡？彼岸的永遠的問題是宗教所追求的世界，而善惡觀是宗教同倫理的接點。因此「善惡的報應」也成爲宗教同倫理的接點。

善惡報應下的思想不是將善惡的問題同現世的法律，或賞罰的政治問題接合，而是將善惡的問題，同「三世」接合的思想。

善惡的行爲並不會當場消滅，而「業」具有繼續性，連接今世與來世，即使已蓋棺也無法論定。相反的，由人來論定可以說是人類的傲慢，歷史家的越權。善惡報應並不是人定，而是天定、神定。

通俗的，世間的善惡是以建功德、求利益爲目的的有漏輪迴界的善惡。而絕對的善惡是超越輪迴的無漏出世間的「悟」道，而到達「佛」的境界「涅槃」。所謂「佛」或「涅槃」是一切善惡的超越者，棄善惡的醒覺者，棄善惡的超越生死者。「捨善惡，離俗塵，知今世與未來的超越生死者」，不爲善惡所沾污者。

通俗的、世間的善惡是相對的，可是大乘佛教思想所說的「超越善惡」到達心性本淨的無慾之境時，即無煩無惱，而達於「超越善惡」之悟境。超越善惡的對立而至於不善不惡、善惡不二的絕對境地是第一階段。

第二階段是由此回歸現實，基於善惡不二、平等的容忍現實的善惡，而達於善惡（正邪）如一，積極肯定現實的境地。大乘思想並不單純的否認惡，而是爲了發揚善，必須積極的對應並活用惡，而稱爲「善巧方便」。並認爲罪的實體是空，罪禍沒有一定的實體，所以稱「罪禍無主」。

當然，「超越善惡」的思想並不僅限於佛教。古代印度已有「得眞智者，超越善惡」。老莊思想也不區分善惡，主張「兩行」、「齊同」；「彼出於是，是亦因彼，彼是方正之說也」；「方可方不可，方不可方可，因是因非，因非因是」。「是以聖人不由而照之于天，亦因是也，是亦彼也，彼亦是也，彼亦一是非，此亦一是非，果且有彼是乎哉，果且無彼是乎哉」；「聖人和之以是非，而體乎天鈞，是之謂兩行」。

由是觀之，明確的辨別是非善惡，到底具有什麼重大意義，實在令人存疑。也就是說聖人調和是非的對立，克服人爲的差別，而達到自然的境界，萬物齊同之域，肯定是非善惡是謂「兩行」。

可是在莊子肯定萬物齊同的思想下，處理紛爭必須區別黑白。決定是非的近代法律觀念，在此幾乎沒有置喙之地。

德國的實存主義者尼采也否定以基督教精神爲基礎的歐洲傳統道德，認爲西歐的傳統道德無法忍受虛無主義（nihilism）的弱者所要求的道德。因此尼采否定所有的傳統善惡的基準，主張「力量的意志」，肯定強力的「生」來克服虛無主義。主張超越既成的善惡道德，而自自然然的「生成的世界」，稱之爲「生成的無垢」（Unschuld des Werdens)是謂「善惡的彼岸」（Jenseits von Gut und Böse)。

古代希臘與印度的善惡一元論者，大都認爲惡是善的缺乏狀態，有如陽光之陰影，認爲惡是沒有實體的非存在。明確批判善惡一元論或善惡二元論思想的是，超越生死善惡思想的佛教「空觀」的「善惡不二」或「善惡一如」論。

「空觀」認爲惡並不是自善所流出的，也不是善是存在而惡是非存在，也不認爲善惡都是獨立的、固定的實體（我）存在。善惡是由無我（空）的關係而不二；「色（事物）即是空，空即是色」、「色性自空」。

老子思想早有「善人不善人之師，不善人善人之資」，可是在中國確立「空觀」的是天台智顗（538～597年）。他在《法華玄義》（卷五）中稱「惟惡之性相即善之性相，善依惡存在，離惡無善」、「惡乃善之資，無惡即無善」，是謂善惡相資說。再由四明知禮（960～1028年）主唱：善惡二即善惡不二，善惡不二即善惡二的「眞二不二」的「當體全是論」。

不只是佛教思想，基督教思想在奧古斯丁（354～430）時，也出現「善惡相即論」。在《神之國》中指出，「有善才有惡之存在」的「無善惡不存」論。萊布尼茲（Gottfreid Wilhelm Leibniz）（1646～1716）也在《辨神論》中指出「惡是善的不可缺之條件」。

日本禪宗的開山祖道元（1200～1253）認爲善、惡是相對的，現實界同他界，天上界與人間界，時間前後，惡的基準也各異。佛道與世俗中的善、惡、無記三性各異，善惡是時，依時而成善，依時而成惡。可是善惡非時，善惡是由法、因緣而成善成惡的。善惡是無定的、現象的、相對的、世間的，而超越善惡是彼岸的、無漏界的涅槃之境。

日蓮上人（1222～1282）認爲，世間倫理道德的惡與出世間中的宗教上的惡有別。道德上的惡是不忠、不孝、殺生、偷盜，可是宗教上的惡是破戒、謗法。日蓮更從認識個人的惡到社會的惡來超越善惡，試圖在人間建立佛土。

在二十世紀末的今日，如何解除傳統善惡觀的詛咒，不但是台灣的倫理課題，也是宗教的課題。

●無師自通的簡明善惡辯證法

世間的善惡觀是主觀的、相對的、時間的、環境的。

同樣的事物，自己認爲是善的，別人並不一定認爲是善的。日治時代在台灣被認爲是惡，到了蔣治時代不一定是惡的。資本主義國家的善惡觀同共產主義國家的善惡觀經常是對立的，千差萬別的。

善惡觀也好，生死觀也好，經常隨著時代環境的變化而變動。在反共抗俄教育下叫的「毛匪」，在中國稱作「人民的救星」、「世界最紅的太陽」。

善惡觀是主觀的、環境的、時間的產物，在一定的時間與空間的條件下存在，在另一個條件下有時又會變容或互相轉換。因此，認識善惡至少必須把握善惡的兩面性和同一性的性格。

只固執善惡片面性的性善說或性惡說是無法認識善惡本質的。喜愛中庸之徒也是只將善惡看成是二元的、互無關係且無媒介、互不矛盾而並存的自瞞自欺之徒。主張人的本性無善無惡的人，忽視人的意識之自我運行的機能。

善惡既非二元論的存在也不是一元論的存在，既非本性的存在也非經驗的存在，而是善的，同時也是惡的「善即惡」或「惡即善」的善惡矛盾的統一體。表面看來是二律背反、善惡不分；事實上，善惡雖是對立矛盾的概念，內部也有關連的以及調和的一面。無善即無惡的存在，無惡，善即無存在的意義。因此善經常否定惡，而惡也否定善。善惡不時保持互相否定與互相媒介的關係。

眞正的善必定要有惡的否定、惡的媒介作爲前提，方能稱之爲善。善惡是如此的內含絕對自我矛盾的對立統一概念，善惡的矛盾側面只要孤立即不能存在。若一個側面不存在，另一個側面必定消失，而失去存在的條件。若忽視善惡這一兩面性，也就不具善惡任何存在的意義。

人有了感性，才有悟性或理性，才開始有分析與認識善惡的能力。可是人從感性到理性的階段，在精神內面不僅是感性與理性之爭、主觀與客觀之爭，也是感性與理性、主觀與客觀互相滲透後，歷經人的實踐行動，始能判明善惡。人的認識不單靠主觀的獨斷，也不依客觀的強制，而是經常透過客觀的認識來修正主觀偏好，而達成悟性或理性的理解。

世上沒有永遠的存在，過去如此，未來也如此，善惡並不是形式的或超歷史的存在，也不是普遍的價值，而是特定時代、特定民族、特定社會內所產生的價值觀。因此符合全體利益的是社會善，不合的是社會惡。時代變了，當然善惡觀也不得不變。到了民主時代，還在強制推銷封建時代的善惡道德觀，不僅是時代的錯誤，也是台灣社會諸惡的根源。

毫不留戀，毫不容赦的否定一切的傳統善惡觀，否定所有傳統價值體系，而在日新月異的新時代裡，超越傳統的善惡，共建台灣社會獨自的價值觀。這是今日台灣人的一大課題。

第27講　「好人歹人」的人物學

●充滿「好人」、「歹人」的台灣社會

台灣的小孩子在看「武俠片」或「古裝劇」時，經常向父母追問劇中人物誰是「好人」、誰是「歹人」。特別是「好、歹」的形象尚未能辨認之時，更喜歡追問誰是「好人、歹人」。

在欣賞虛構的劇情以前，先決定劇中人物的「好、歹」，在這種「先入觀念」(ā priōrī)之下，觀劇者的感情隨著劇情的變化而變化。當「好人」受難時，觀者痛心疾首，同仇敵慨，當「歹人」被懲誡時，拍掌叫好。

將極其複雜的人物，以極其單純的二分法分成「好人」或「歹人」，對於精神尚未發達的「囝仔」來說，單純的去認識或區別善惡之人物塑型，實有助於善惡的觀察或區別，未必不

可。可是到了成人以後，這種一刀兩斷式的人物觀，竟還是大行其道。這個社會的大人，看來未免還停留在幼兒階段，實在未見精神的成長。特別是戰後的台灣更走極端，社會敵我分明，忠奸、邪正、善惡更劃分得一淸二楚。不是朋友就是敵人，連小孩子都被人家父母分成「好囝仔」和「歹囝仔」。

西洋人大都有「惡魔觀」，認爲「惡」是來自外來「惡魔」的誘惑。可是到底誘使人走向邪道的力量是否來自心外的實體，實在可疑。台灣的爲人父母者，在「近墨者黑」的社會觀之下，大都認爲自己的小孩子同「歹囝仔」到陣才會變歹，而將「歹囝仔」看成「惡魔」。事實上，「龍交龍、鳳交鳳、隱龜交栜憨」的情形常受忽視。

台灣一切兩斷式、或二者擇一式的人物觀，自上至下迄今還極其流行，自義士、匪徒至好囝仔、歹囝仔，所有人物的價值判斷都是用斬釘截鐵的二分法來分門別類。表面看來善惡、淸濁分明，可是到底善惡是什麼？概念並不明確，價值基準也沒有一定的尺度。

人是具有多面的性格、複雜的感情，即使「蓋棺」也難以論定的理性動物。連黃巢、李自成今日在中國皆已翻身成爲農民革命的英雄，「好人、歹人」哪可以「蓋棺論定」。

有一次筆者到領事館去辦理護照延期手續，文化參事特別要求面談。某君介紹筆者給參事時說：「請不要誤會，他是好人。」參事笑嘻嘻的說：「你不必講我也知道，我一眼就能看出他是好人。」眞是好眼力，可是心想把筆者看成「好人」實在有失官方立場。

後來不知何故，筆者的護照被吊銷了。「爲什麼要吊銷我的護照？」參事在電話中說：「我也不知道呀！你自己比我更清楚，怎麼反而來問我呢？」，筆者一時無言可答，只是心想「既然你不是我，怎會知道我比你更清楚」。

●「惡」的觀念

台灣人在辨明善惡是什麼以前，善惡經常是先入爲主的，也就是來自父母、習俗、傳統文化或現有體制的主觀的、恣意的規定。比如「朱毛匪邦」、「匪僞××」。

可是「惡」到底是什麼？

英語稱「惡」爲「evil」，德語是「Übel」，法語是「mal」，都指不好的，有害的，劣等的。一般來說，「惡」不僅指人的意志和行爲，或疾病、天災的自然現象，連政治、法律，制度也包含在內。原始時代，超人力的「惡魔」、「魔女」、「惡靈」都是「惡」的象徵。

「惡」的範圍除了「害惡」、「罪惡」「惡德」以外，還有「劣惡」（das schlechte）與「醜惡」（das Hässliche），雖有道德意味，已屬於「美」的問題。

依《說文解字》，「惡」是「過也」，《通論》稱「有心而惡謂之惡，無心而惡謂之過」。

「惡」並不單指倫理的判斷，也有生理的、心理的惡，比如「惡香」，「惡相」、「惡露」（佛語的「不淨」）、「惡趣」（苦境＝惡道）。

諸惡之中，重大的稱之爲「罪」。古代中國罪本寫作「白辛」，因爲類似「皇帝」的「皇」字，因此在秦始皇時，改寫爲「罪」字，具有刑罰、誅責、禍殃之意。

佛教並沒有明確區別「罪與惡」，卻嚴密區分「罪與過」。漢譯佛典大都將「苦」譯成「罪」。可是苦是屬於生理的、心理的觀念，而「罪」是道德的、法律的概念，大有不同。

佛教用語稱「惡」爲「pāpā」。定殺生、偷盜、邪淫、忘語爲「四惡」，加上飲酒成「五惡」。戒五惡稱爲「五戒」。

更具體的稱「身、口、意」三機能爲「三業」，殺生、偷盜、邪淫（身三）、妄語、綺語、惡口、兩舌（口四）、貪欲、瞋志、愚癡（意三）爲「十惡」。通稱「身三口四意三」。

反「十善」者爲「十惡」，「十惡」之中沒有「飲酒」，飲酒不屬於「性罪」，而是屬於超過才成罪的「庶罪」。

三意中的「貪、瞋、癡」是深化惡的根源而被稱爲「三毒」。「三不善根」，「三毒」成爲萬惡、一切煩惱的根源。

南方佛教忌「隱」事，故對「隱瞞」、「隱滅」諸事均稱之爲「惡」。賤民，特別是強達拉

（candāla，屠殺業者）常被指爲「惡人」，其中極惡之徒被稱爲「惡執惡」。

自古以來，「惡」雖然是眼不見耳不聞的抽象概念，可是惡的本質與根源一直成爲哲學上永遠的課題。到底惡是「穢」、「邪道」或「鐵石心腸」，實在很難用抽象的語言來表達。

古代希臘人有「穢」的意識，卻沒有「罪」的意識。「罪」的意識是希伯來人固有的精神意識。基督教從「原罪」，佛教從「業」的概念出發去探求惡的本質與起源。

●唯一可以稱之爲善的是「善意識」?

康德認爲除了「善意志」（良心之聲）以外，世上並沒有可以稱之爲「善」的存在。康德所指的「善意志」，是指崇尚義務與道德法則，以崇尚義務與道德法則來抑止我意（自負心）與我慾（自愛心）。遵從義務與道德的意志並不是一般的「善意或惡意」，而是倫理的、道德的價值。

康德不從超自然，而從人的內心去探求善，結果他也不得不認同「道德同幸福是一致的」的看法。從此也可以看出他所謂的「至善」。可是到底「善意志」是不是唯一的善？或者出自善意志的都是善，值得檢討。

「善」英語稱之爲「good」、德語是「Gute」、法語是「bien」，是指有利的、貴重的、有價值的。

蘇格拉底認爲「善」(agathon)是眞正的見識或洞察，同時帶來健康與幸福。古代希臘善與美是同一的概念，稱爲「美善」(kalokagathia)。

柏拉圖認爲「善」是有用的、有益的富貴、名譽、權勢、快樂。所有被「善」的「形相」(idea)的知識所善導的皆稱之爲善，並認爲善的「形相」(善本身)最後將歸一。這是組成宇宙的原理，人的道德之根源。這點同孔子「吾道一以貫之」的想法相同。

亞里斯多德批評柏拉圖的價值觀說，理性也是善，快樂也是善，健康也是善，時宜也是善，有用也是善。可是學者的善與木工的善並不相同。若只想拿一善來養身修善，即能稱之爲「善哉」的存在是沒有的。

亞里斯多德將「善」與「幸福」結合，可是斯多噶學派卻將名譽、健康等所有外來的「幸福」全部驅出「善」的域外。米爾認爲人的快樂有差異，人的種種慾求也是依各自的能力而定，並將蘇格拉底的幸福同豬的幸福區別出來，同時將善看成快樂而數量化。

社會主義思想並不從良心的呼喚、對神的信仰或宗教的依歸去求「善」，而想從社會的變革中去求取個人的利益與幸福。馬克斯主義從人的階級地位與經濟的關係中去追求善惡的觀念，而主張解放。

雖然中國人有傳統的三綱、四維、五倫、八德，希臘人有智慧、勇氣、節制、正義，基督教徒有信仰、希望、愛、思慮、正義、剛毅，節度七德，佛教徒有「十善」。可是道德善惡還是多樣、複雜而多變的，因爲人的關係本身也是極其複雜而富變化的。只要是人的慾望、感情是多樣的，誘惑人的惡也應該是多樣的，所追求的善也必然是多樣的。即使不一定如莫爾所說「善是無法定義的」，至少「善」是難以定義，也是多樣、多義的。

人生沒有極度的歡喜或苦惱的存在，所以至善、絕對善或罪大惡極也只是幻想而已。

●「好人、歹人」的價值基準是什麼？

善惡判斷的標準很多，有良心標準說和法則、理想、目的標準諸說。自最大多數的最大幸福的功利主義者的數量化主張，到沒有概念規定而可以見仁見智的儒家倫理道德爲止，到底是以什麼作爲基準來判斷善惡，事實上是「見仁見智」的問題。善惡的分辨也隨著時代的推移、客觀環境的變動、價值觀的變動，越來越無法分辨。最後還是依自己的利益、黨國的利益來分辨。

順我者成爲「反共義士」，逆我者成爲「匪僞」，並向民衆強制推銷以「我」爲中心的「好、歹」人二分法。

「諸惡莫作，衆善奉行，自淨其意，是謂佛教」的思想，對「好人、歹人」的看法、實在簡單明瞭而具體。

佛教思想認爲行「十不善」者爲「惡人」，更勸他人行「十不善」者爲「比惡人更可惡的惡人」。行「十善」者爲「善人」，自己行「十善」更勸人行「十善」者爲「比善人更善的善人」。

極惡之行是「五逆」與誹謗正法。五逆是殺母、殺父、殺聖者、傷佛、破壞教團。傷倫害理、誹謗正法是譏諷眞理，略稱「謗法」。五逆、謗法之罰是入無間（阿鼻）地獄。稱之爲「無間業」。如同救濟極惡之徒，佛教也如儒教有性善、性惡之爭。法然爲了拯救破戒、無戒之徒而倡言阿彌陀佛的慈悲，親鸞上人繼法然之說高唱「惡人正機說」。

親鸞上人認爲人的意志無法抑制自己之心，而心是無善無惡的，可是也可生出善惡。心根是被「業緣」所控制的。「好人」無法從自己的意志或努力產生，「好人」也經常會成爲「歹人」。因爲人本來就是內心滿懷著虛僞的存在。惡的自覺是由他覺方始能成立，而超越善惡而達至善，則是否定善惡二元論的他力念佛之道。因此，「極重惡人唯稱彌陀」，認爲善人皆惡人，因此才能得無量壽佛的本願而得救，惡人才能得本願之力往極樂世界。

中學時代常聽國文老師暢談「人不爲己，天誅地滅」。爲己、利己主義被看成是「惡」，是因爲利己主義是自愛的專制主義、自覺的專制主義，也是傲慢自矜。對自己的利益、快樂一意孤行而缺乏自省，對他人的悲喜、禍福缺乏關心、共感。可是自愛、為己是人的本性並不是「惡」，惡是過分自愛所帶來的越境行為。可是即使是極端的利己主義者在台灣雖受厭惡，並未被看成「歹人」。

台灣的「好人、歹人」的概念與分類法，還是侷限於倫理道德，而經常是主觀的，且是體制所塑造的。

若按理論的合理性來講，因為台灣社會自老至幼，佈滿了「好人、歹人」或「好囝仔、歹囝仔」的存在，當然社會必然是「好、歹」與善惡之爭永不停息。

在善惡對立的現存社會中，沒有否定惡的善良之士是無法存在的；也可以說只有否定惡的鬥士方能稱之為善人，而不是「逆來順受」的奴隸。

缺乏與現存惡勢力對決的道德主義者僅是觀念論的偽善者，不是真正有生命的實踐道德。

善惡並不來自本性，好人、歹人也不是本質的存在，而是不斷互相否定的鬥爭中的社會存在。隨著時代的變化而變化的時間的存在。

佈滿台灣社會的這些「好人」、「歹人」，不論是相對的或絕對的，只要不是在肯定或否定體制惡的前提下所產生的「好人」、「歹人」，可以說都是「迷」的存在，而不是「悟」的存在。

在「善人惡人皆成佛」的宗教思想下是可以得救的。

可是台灣人如果一直從超越體制惡的次元去大量生產「好人」、「歹人」，台灣人是無藥可治的。

第28講　「雨夜花」的精神現象學

〈雨夜花〉的比較歌謠論

〈雨夜花〉是台灣歌謠中最具代表性，也是人人愛唱的歌曲之一。台灣歌謠中，比如〈望春風〉、〈月夜愁〉、〈補破網〉等等也是歷久不衰的歌謠。可能是因爲歌詞較難記憶，因此沒有〈雨夜花〉那麼家喻戶曉。台灣歌謠之中，聽來聽去，還是以〈雨夜花〉最具代表性。

一直到了六〇年代初，筆者還記得蔣經國曾經明令禁唱三百多首的歌謠。按照以往的經驗或常識，所謂「禁唱」大都成果不顯。比如戰後台灣不斷周而復始的禁唱日本歌曲，特別是戰前的軍歌，可是日本歌曲不但未被殲滅，在日本本土早已消失的歌曲，在外地的台灣反而長生不老。

已經隨著時代死去的歌曲，無論如何推銷，還是不受歡迎。比如戰後很流行的「今日台灣光復了，世界光明了，光明世界新改造，革命成功了！」再也沒有人去唱，而「保衛大台灣，保衛大台灣」或「反攻！反攻！反攻大陸去！」也可以說已經隨著時代而死去。並不是安樂死，而是自然死。

人人愛唱的歌曲，必須具有社會的客觀條件，至少歌詞內容要有豐富的感情，反應時代的心聲，並且旋律扣人心弦。

〈望春風〉雖然比〈雨夜花〉更能反應台灣人時代的心聲，可是沒有〈雨夜花〉易記易唱。由此看來，〈雨夜花〉之所以成爲台灣代表性的歌曲，歷久不衰，扣人心弦，除了反應時代的心聲以外，還是易記易唱而至人人會唱，人人愛唱。

所謂「易記易唱」可以從外國人所能唱的台灣歌曲中，首推〈雨夜花〉來證明。筆者常常聽到日本人唱〈雨夜花〉時，發現不但歌詞、語音，比歐陽菲菲唱得還正確，而且歌聲充滿感情。

〈雨夜花〉不但外國人易唱，且被譯成日語來唱，也可以從被改成「要嫁尪，要嫁尪，嫁著你這個老大人」，來看出歌曲流行的深、廣、久。〈雨夜花〉實遠勝於〈梅花〉。

自從國民黨以梅花來代替牡丹花成爲國花以後，中共也以向日葵來當中國的國花。國民黨以黨旗來代替中華民國五族共和的五色旗以後，中共黨也以五星旗來當國旗。自國民黨以「三民主義，吾黨所宗」的黨歌來當中華民國的國歌以來，以詩經爲詞的中華民國國歌也從此成爲絕響。

國民黨的文宣經常主張「沒有國民黨就沒有中華民國」，筆者很贊成，也很欣賞這種主張，事實上也得到了證實。比如：沒有國民黨的中國，就變成了中華人民共和國了，如果台灣沒有了國民黨，可能已沒有了「中華民國」而變成「台灣共和國」或「台灣合衆國」了。特別是從〈雨夜花〉來看〈梅花〉，越覺得兩者性格有顯著的對照。

中國自七〇年代末施行開放政策以來，日本的歌謠界作曲家陸續到中國大陸——到這一世界最後的秘境去採訪、收集世界各地的民謠。可是令這些東洋音樂家百思不解的，更覺得驚異的是除了少數民族以外，幾乎很難從漢人中找到所謂「民謠」，他們並且發現中國人的歌聲是從頭頂上喊出來的，而不是從內心唱出來的。

據中國古代史專家的研究指出，中國人在春秋戰國時代以前歌舞也很發達，《詩經》就是當時代表作品之一。可是自秦漢帝國以後，漢人就日漸變成了失去歡笑，而成爲沒有歌舞的民族。

按筆者的推想（或獨斷偏見），漢文化本身就是欠缺歌舞的文化，因爲沒有共通的漢語，而不得不以文字來代替語言作爲交流的媒體而失去語言的文化，歌舞也因此而成爲低俗的文化，而成爲經典的下僕。筆者一直到最近才發現東南亞的華僑沒有民謠，台灣民謠也日漸成爲東南亞華僑的民謠。這可能是來自台灣歌星的進出或卡拉OK的流行。

〈櫻花〉(サクラ) 是一首外國人最易記、易唱的日本民謠，也可以說同台灣的〈雨夜花〉有極類似的地方。可是〈櫻花〉是實在的花，而〈雨夜花〉是象徵性的花。〈櫻花〉代表日本人的心與美，〈雨夜花〉代表台灣的情與命。可是〈櫻花〉逢春又再開，〈雨夜花〉花謝落土不再回。

●〈雨夜花〉的歌詞論

一　雨夜花　雨夜花
受風雨　吹落地
無人看見　瞑日怨嗟
花謝落土不再回

二　花落土　花落土
有誰人　可看顧

無情風雨　誤阮前途
花蕊若落　卜如何

三　雨無情　雨無情
無想阮　的前程
並無看顧　軟弱心情
乎阮前途失光明

四　雨水滴　雨水滴
引阮入　受難池
怎樣乎阮　離葉離枝
永遠無人可看見

用花來形容女性，或形容女性的美，不但台語如此，日語也如此。可是因爲台灣花草中沒有「雨夜花」，所以「雨夜花」是擬人化的「花」，是「雨夜」的花，也是備受風雨的摧殘折磨受難受苦，而又寂寞而孤獨的「花」。

「雨夜花」的「雨夜」可能是寂寞的象徵或表現。日本文化時常被稱爲「ワビ」的文化，也就是「寂靜」、「孤獨」的文化，經常表現於俳句和歌或其他文字上。可是台灣的「雨夜」的寂寞同日本的「ワビ」不同，台灣的「雨夜」有「夜」的黑暗，也有「雨」的無情，「風」的殘暴。

「雨夜花」到底是什麼花，是暗示或形容什麼階層的女人？至少「雨夜花」並不是妖豔的、誘人的花，而是「雨夜」的花，甚至是「受風雨吹落地的無人可看見」之花。

從〈雨夜花〉的造詞看來，這朶擬人化的「雨夜花」，是由三個思想的花瓣所構成。

「雨夜花」至少是被權力或錢力所壓制的特定社會階級，是一朶無抵抗、無氣力的薄命花。被虐待受折磨的原因，經常求之於自己的歹命或無福，而只有自恨運命的無情。比如：

受風雨吹落地
無情風雨誤阮前途
怎樣乎阮離葉離枝
引阮入受難池

其次是缺乏自主性、而強調依賴性無力感，並喪失目的意識，自暴自棄，哀怨慨嘆，存在著希求同情的架構。比如：

有誰人可看顧
並無看顧軟弱心情
無人看見，瞑日怨嗟
花蕊若落卜如何

最後是在墜落的苦境中，喪失自信所產生的諦觀。比如：

花謝落土不再回
乎阮前途失光明
永遠無人可看見

按筆者的分析，第一的精神現象是來自弱者的思想，第二是隸屬的思想，最後是絕望的思想。

由上述三種思想所構成的台灣人特有的精神現象，可能可以稱之爲「雨夜花」的觀念或「雨夜花」的思想。

當然「雨夜花」的觀念是台灣社會的歷史產物，是台灣獨特的客觀歷史條件下所生成、發展的心理、精神、觀念、價値觀，透過歌詞而流露出來的感情、心聲。

歌謠如何才能成爲名曲，如何才能成爲熱門音樂？可能是屬於音樂家所追求的問題，而為何會成為熱門音樂，可能是社會科學者所必須探求的問題。

●〈雨夜花〉的思想論

弱者的思想經常出自長久受支配、受壓制的階級，不時存在著被害或被虐意識；甚至認為這是來自「出世歹命」的命運安排，是天已註定的宿命觀。天無情，風雨無情，人也無情的「無情」思想也是宿命觀的產物之一。

只要認為「風雨」這一超人的自然力量是無情的、不可抗力的，受風雨的摧殘當然只能怨嗟自己「歹命」或「薄命」。在台灣「歹命人」幾乎是弱者的代名詞，但不一定是「女人，你的名字是弱者！」

因為自恨歹命，因此對風雨的暴力既無抵擋，也不抗議，任憑風雨的蹂躪而耐苦耐怨。這也是產生無情、孤獨、隱逸思想的土壤，也是培育專制獨裁社會的沃土。

因為弱者的命運是宿命的，因此弱者的立場必然是先驗的，而不是經驗的。喪失鬥爭性的「雨夜花」僅得自嘆自悲「並無看顧軟弱心情」、「乎阮前途失光明」。

隸屬的思想來自殖民地思想，是奴才或家畜的思想。長期的外來統治雖然是主因，台灣傳統農村社會制度也是培植隸屬思想的土壤。

在女權尙未抬頭以前，台灣社會中自立的女性甚少，即使不當「心婦仔」、「查某嫺仔」，地位也近似家畜。

在傳統家長專橫的社會下，個人的意志與自由未受重視，弱者經常也是奴隸思想的具有者，沒有主人的驅使，或強者的「看顧」，就會離葉離枝難以生存，就會前途失光明。

因爲弱者經常具有「出世歹命」的宿命觀，因此自立成爲主人幾乎無望。宿命觀同隸屬思想結合，往往使人放棄或拒絕改變自己命運的努力，放棄對權力的反抗，而只有「暝日怨嗟」，自悲自嘆出世就做歹命人。

絕望是由於喪失鬥志，而看破世情所產生的肯定既成現實，順應自然的無力感，或放棄抵抗，成爲侍奉體制的思想。也可以說是「花謝落土不再回」的思想。

以上三種思想並不是單獨的存在，而是互相交織而成爲「雨夜花」的思想，自成台灣人的一大價值體系，而由感情、精神、觀念中流露出來。雨夜花代表台灣人屈辱的歷史，也反應台灣社會的價值意識。

可是一旦這一哀調的歌謠同民族主義的思想結合，有時也會從心情的自省，轉化爲意識型態，而滙成巨大的政治潮流，而成爲動搖體制的輓歌。更能從慟哭的巨響中，驚醒熟睡的台灣人，爲了埋葬台灣人屈辱的歷史，而來參與已在進行中的葬列。

第29講 「價值觀」的解剖學

●價值觀因時因地因人而異

價值觀可以說是人類的時代與社會的文化產物。時代環境不同，價值觀也不同，有時甚至因人而異。

《莊子》〈齊物篇〉中曾指出：「天下美女以毛嬙、麗姬爲最。可是人間世雖稱美女，魚兒見了，深潛水中，鳥兒見了遠飛高空，野鹿見了狂奔四散。」主張萬物齊同的莊子，所舉的例子雖屬極端，可是對價值觀的了解可說舉一知十。

日本淨土宗法然高僧爲了確立宗教的價值，主張念佛超越一切道德、倫理、政治、經濟等等現世所有的價值。日本國學大師本居宣長認爲代表日本詩詞的「和歌」是至上的價值。

因爲和歌是自「神代」(神話時代) 以來的風俗儀禮，同倫理道德、政治的世界絕緣。

法然念佛的絕對價值同本居宣長的「和歌」價值一樣，都是站在「善惡的彼岸」，兩人都將宗教的價值或文學的價值與道德或政治的價值分開，而開拓了日本宗教和文學史上劃時代的認識。兩人的絕對價值觀都是超乎常人而與衆不同的。

價值問題在西洋，雖然是自亞里斯多德以來哲學研究的中心，有人說「宗教是價值王國的彼岸，自然在價值王國的此岸」，而哲學剛好在價值之內中。

可是在哲學史上，使用「價值」用語的，還是十九世紀末以來的事，有關哲學的價值論，剛好有兩大意見相反的潮流。主張全部否定傳統價值體系的尼采 (1844～1900)，同復興傳統價值的羅傑 (1817～1881) 是最具代表性的人物。

可是至今對於價值與存在的問題，絕對主義價值v.s.相對主義價值，全體的價值v.s.個體的價值，價值的計算可能說v.s.不可能說等等，至今還是爭論不息的一大課題。

當然，價值論的對立不僅是現代，自古已然。在中國自古即有孔孟的「仁義」倫理與老莊棄仁絕義的「無爲」，在希臘有柏拉圖的「正義」與越比克羅斯的「平靜」等公私價值觀的對立。

特別是自十九世紀後半以來，由於民族學或文化人類學、社會心理學的發達，對文化類型的多元性所存在的價值、價值行動的多樣性、相對性有了豐富的比較資料與新的研究成果，因此文化相對主義也開始抬頭，不但不同時代、不同民族有不同的價值觀，也得到了廣泛的理解。

比如：西北美拉尼西亞的羅普族認爲被盜以及被殺傷殘廢的人是惡人，而能欺騙他人的是好人；快樂、大笑是罪惡。可是新墨西哥的茲尼族卻認爲權力慾、求知慾是惡，無知是善。美國西北海岸的柯丘多族認爲被稱呼爲「勤勞者」是最大的侮辱，「無謀」是正的價值。佛教、儒教認爲罪大惡極的「殺父」在某些未開化民族卻是將親族送往「來世」的至善。這些例子雖屬極端，可是至少以「大某細姨」一大堆爲傲的中國人，今日有了小老婆已不敢太聲張，可以說時代變了，價值觀也變了。

不論任何時代，都有各自的時代思想和構成時代思想的價值觀；或決定時代人群所具有的思考、情念、行動方向的價值秩序。比如以往台灣以「反攻大陸」、「反共抗俄」作爲政治價值體系的最高價值，可是自「一年準備，二年反攻，三年掃蕩，五年成功」的神話崩潰以後，雖然被「以三民主義統一中國」的價值論所取代，可是至今已不成價值的「體統」了。

傳統的價值體系，到了現代已開始動搖而不安定，甚至經常隨著政治、經濟、社會、文化的變動而動搖、崩潰。價值觀的多樣化與價值觀的對立、衝突，已是二十世紀以來社會思想的一大特徵，也是台灣人重新探討台灣人價值觀的大時代課題。

●價值、價值觀到底是什麼？

在價值多元化的現代社會，人所追求的價值，除了善、正義的道德價值以外，還有眞、美、聖、快樂、利益、有用、美味、便利、幸福、健康、勇氣、清潔，或自由、平等、博愛、安全、秩序、獨立、建國……等等無數的價值，或對應這些價值的惡、僞、醜……等等的「反價值」。

事實上，所有的價值幾乎都無法歸納爲單一的概念範疇，各個價值各有自己的價值領域。在哲學上所探求的價值，有以「存在」和「眞理」問題爲中心的時代，也有以如何「生」、如何來認識世界的時代。

今日的價值論（axiology theory of value），大致可以分爲經驗科學的社會學、文化人類學、心理學、經濟學等等和哲學價值論的規範價值論（倫理學、美學、法哲學等）分析價值論等等各專門領域的研究。

特別是現象學中，最普遍的是將價值的領域分成：

㈠生命價值——功利價值、快樂價值

㈡**文化價值**——認識價值、美的價值、社會（習俗）價值

㈢**道德價值**——倫理價值

在價值論中，最具主導地位的思想主流，可以說是善惡、正邪這些「道德問題」。以孔子爲教祖的儒教徒數千年來幾乎樂此不疲，台灣的道德教育也一直醉迷忠孝仁義道德之中。

可是在各個時代與文化的背景下，道德價值各異。比如人的行爲有時被看成善，有時是高貴，有時又被看成惡、下賤。特別是價值觀日漸多樣化與相對化的台灣社會，道德價值如何重估、重整？道德價值、有用的價值、生命的價值到底界線在那裡？如何劃分？也是一大課題。

「美常是善的」至今還是爭論的課題之一。在文化價值中，美的價值、認識美醜，乍想之下似乎是存在，可是事實卻不然。美的價值也不是任何人都能「知覺」的，還是只有有能力享受以及感動能力的人才能評價。

幸福、不幸也是依各人的價值觀而定，以「物」作爲幸福條件的人，對貧窮感到不幸、痛苦；相反的，從精神面感到人生喜悅的人，即使是一生貧困，也能自安。

由人的意志所能左右的是「善惡」，而無法由人的意志來決定的是「價值」、「反價值」、「沒價值」或「善惡無記」（adiaphora, indifferentia）。

價值是依個人（主體）的感情、關心、欲求的意識所形成的，各人有各人的義務和自己的生活方式，選擇自己的前途爲前程，各盡所欲，各取所需爲目標。

在價值、理想、當爲、世界觀各異的現代社會中，在各個價值中，到底普遍的價值基準是什麼，也是一大課題。

若按康德一派的理論來說：

理論——自然——必然——眞的系列如果是沒價值的，那麼實踐——道德——自由——善的系列應該是有價值的。換言之，善是有價值，而眞是沒價值的。眞假是屬於理論的，而不是實踐的問題。因此康德的理論帶來了「道德」的優越性，而不是求眞的優越性。也可以說追求眞理的目標在於理論性的學問與自然科學，所以眞理是中立的，不是道德的，是沒有價值差別的。

釋迦佛祖的說法中，經常表示「眞理是眞實」，親鸞上人將「道」解釋爲「眞實」，求道是追求眞實。從這點看來，同康德也有共識的地方。

黑格爾認爲，理想和價值的實現是永遠不可能的，而「絕對的理念」是眞的理念與善的理念的統一，認識與意志的統一，理論與實踐的統一，主觀與客觀的統一，因而他主張價值只有以認識爲前提才能實現，價值的問題不應與認識的問題分離，而最高的事實判斷是價值判斷。

本來「存在與價值」的關係，一直是哲學上長久以來爭論的一大課題。可是到了韋伯時，才被明確分明「已有」與「應有」的認識而倡言「價值的自由」（或稱沒價值性 Wertfreiheit, freedom from value-judement），主張爲了保持經驗科學的客觀性，必須從價值判斷分離，而拒絕理論的實踐意圖與評價的介入。

自柏拉圖、亞里斯多德所提出的人文科學在本質上與價值相同的命題以來，到了韋伯時，一變而成爲沒價值的、科學技術中立的，眞理也是沒價值的或非價值的。

可是馬克斯主義對存在（事實）同價值（判斷）並沒有分離，而認爲倫理（價值判斷）必須具有科學性，科學者也具有黨派性。

佛教思想並沒有區別存在與價值，肯定存在而以佛的慈悲與愛爲懷，成爲救濟論、存在與價值的一元論。

尼采將傳統的道德區分爲君主道德與奴隸道德，將以往的道德觀的價值基軸改從生理學的觀點爲價值基軸。以往道德上的「善」成爲「劣惡」(schecht)，以往的「惡」成爲「優良(gut)。當然「優良」、「劣惡」與善惡不同，前者是心理學的範疇，而後者是倫理學的範疇。

《碧嚴錄》中曾記述達摩大師被「佛心天子」的梁武帝招見時，有趣的禪問答。

梁武帝同達摩大祖在佛法的對談中，一直追問達摩大師「眞理」是什麼？「價值」是什麼？

達摩大師淡然回答「廓然無聖」、「無功德」、「不識」。

也就是說天下沒有這樣的東西。眞理、價值是無法從文字、經綸、數理、觀念的思惟中得來的。

不以經典相傳而以不立文字、教外別傳、直指人心、見性成佛爲宗旨的禪宗思想，是以「無聖」、「無功德」、「不識」來認識眞理與價值的。

●價值判斷的基準如何確定？

「價值」自金錢的價格至道德的善、藝術的美，是廣範而多義的。現實的價值是相互的、共時的（cynchronical）、多義性的，而通時的（diachronical）的價值是變動的。

交換價值的表現，是依該當事物所能得到的快樂、或實用性的平均數值爲基準，依需要與供給的比率而變動，可用貨幣價值來換算或表示。

可是一到善、美的價值判斷層次時，快樂的享受、生活的實用性等等由貨幣可以計測利益、決定事物的選擇標準，反而不能實用。

這時，決定價値的並不是對象的事物之性質或機能，而是自己本身的態度、格調，是主觀的或主體的要求，特別是感情或意志的要求。依主體的性格而有個人的、社會的、自然的理想的價値之別。

到底價値判斷的標準是什麼?在背後指揮各人行動的價値原理是什麼?能了解在背後指揮自己的價値原理,才能互相了解對方的價値標準,也可以了解價値判斷並不是各人可恣意,可以「見仁見智」一了了之的問題，而經過各自的價値交流、檢討、反省、產生共識，認識價値原理的妥當性、普遍性是必要的。

價値標準的難求，在於各個人或各集團各有各自的價値觀。

構成價値的第一要素是意願的欲求。慾求是歷經文化次元與心理次元的發展而升高的。第二要素是利害關係。人經常因利害關係而成群結黨，提升福利。

第三要素是規範意識。不只是自己認爲該行即行，有時反而需要自我犧牲、自我規制方能稱之爲善的，是謂規範（norm）。倫理與法律是最具代表性的兩大規範。

倫理規範是領有「他人意志」的支配手段，因此在價値意識之中，欲求經常同規範意識對立而抗爭。

價値觀不但是規律個人行動的價値原理，也是規制社會行動樣式的價値體系，是一個文化的體系。

在這一文化體系下，引導成員走向一定方向的共同因素，規定文化領域的主觀因素也被稱爲價值觀。構成地域社會的部族、國民等等文化集團獨自的文化結構、文化樣式，並繼續統合文化全體的價值意識，也被稱爲價值體系。

一個人的人格形成需要長久的歲月。傳統文化的力量經常潛伏在心理的深層，何時浮現而決定其價值的判斷。這種潛在的價值觀同傳統文化是難分難離的。

可是不論任何文化圈，多少都存在著價值的位階。比如追求遊樂不如健康，健康不如美，美不如正義，正義不如愛……。一直往自己認爲較高的價值去選擇。可是價值的位階並不是一直不變的。有時自由不如麵包，愛情不如金手指（戒子）。隨著歷史社會變動，鄭三發的兒子成爲中國人民的救星又成爲中國人民的公敵，而草莽的匪賊黃巢、李自成也會一躍成爲中國農民革命英雄，而備受人民的敬仰。

●台灣人傳統價值觀的動搖與崩潰

我輩日常所追求的價值，不論其動機是知識的欲求、道德的意志、感覺的慾望、美的憧憬，從日常生活的願望以至追求有價值的生或死，或生生死死，絕不會與價值觀無緣。

價值觀必定與人生的哲學息息相關，探求價值的問題，這也是哲學上一個永遠的問題。所以「存在論」、「認識論」與「價值論」是哲學上最基礎、也是最具體而切實的研究對象。人在表面上的言行、態度，經常僅是潛在心理深層中意識冰山之一角而已。言行背後的思考樣式，人格形成是來自生育的時代、環境以及個人經驗的累積。言行、態度容易變動，可是價值觀較難變化而安定，除了社會激變或人生的挫折以外，很少有善惡逆轉的激變。

可是對台灣人來說，二十世紀可以說是傳統文化、道德體系開始動搖而加速崩潰的時代、歷經日治時代、蔣治時代以來，台灣傳統價值的動搖與崩潰是大家有目共睹、共有的體驗。傳統的社會有傳統的社會原理、法則、慣習、也可以說是有例可循的社會。可是在流動性高、變動性大的多元性社會，已無先例可考，先例也不再具有多大意義，一切言行必須靠自己的常識來判斷。在這一日新月異的狀況下，主體性的要求更加重要。

超越傳統的價值標準，以自己的責任去判斷時必要有更多的自由，必要從傳統價值的拘束中解放，才能達成。

價值多樣化，各個人的狀況也各有各的特殊性，因此普遍性的法則已不實用。若按美國實用主義的代表人物杜威的主張：「行爲經常是特殊的、實際的、個別的、唯一的。」

因此善惡的價值判斷常依狀況而定，對誰有利，對誰有害，因此應該如何如何，應作什麼判斷，除了以自己的責任去判斷外絕無他途。

沙特主張由自己思考、自己選擇、自己行動來創出自己，而並不是被神所創出。沙特認爲「普遍的道德並不存在」，對自己負責，經常是個體的，屬於自我本身的個體，因此人是自由的。

事實上，價値觀有主觀的意志和熱情的一面，也有客觀的、社會的規範，或者有道德的存在（sein）與當爲（sollen）的一面。而社會意識是由事實認識與價值認識兩要素所構成的，人的行爲只要是熱情的行爲，必定有主觀的意志行爲與客觀的社會規範。

可是在價値觀多樣化與對問題日益激化的現代台灣社會，是否有樹立共同價值觀的必要？各人的利益，立場，思想迥異的今日台灣社會，共同的價值觀是否可能建立？

在傳統的價値觀日漸動搖而開始崩潰，經濟價值已超越政治價值、個人主觀的需求，慾望感情開始狂奔的台灣社會，客觀的、普遍的價値到底是什麼？實在是必須提出來討論的一大課題。

第30講 「台灣人」的民族學

●台灣民族論

自西歐產業革命與市民革命以來，已歷經二百年，在近代西歐民族主義價值體系的擴散下，近代民族國家也日漸成爲現代世界最大的人群集團或社會單位。可能由於西風東漸的影響，在十九世紀末的東亞大陸邊緣，自北至南也連續出現過日本北海道的蝦夷共和國（一八六八年），台灣民主國（一八九六年）、菲律賓共和國（一八九八年）。可是都是曇花一現，速即夭逝。

特別是有關台灣民主國的問題，雖然有黃昭堂教授《台灣民主國的研究》這部不朽巨作。可是「台灣民主國」的誕生，到底是不是台灣人民族運動的嚆矢？即使日治時代台灣民族運動的先覺時常高評台灣民主國的革命大義。可是台灣人的民族運動在十九世紀末開始萌芽，未免太早，也可能因此而命該夭折。

台灣人對「民族主義」一詞的理解，包括大部分的知識分子，大都概念模糊不淸，對台灣民族的見解也意見不一。

在語文的表現上，日本文化界一般將近代西洋文明的歷史產物「Nationalism」一詞，直譯爲「ナショナリズム」，或「民族主義」、「國民主義」，有時稱爲「民本主義」、「市民主義」。可是一旦「民族主義」的思想跑進了台灣人的語言與文字的世界，就發生了強烈的爭執。世界上最喜愛用「台灣民族主義」的，首推台獨聯盟的中委林啓旭。故王育德教授在他的《台灣民族論》中，也不忌諱使用「台灣民族主義」。黃昭堂教授近來爲了更進一步推廣「台灣民族主義」運動，已改稱直譯爲「那想那利斯文」，力主久見不怪，久用成俗。聯合國大學教官的羅福全卻認爲「台灣國民主義」比「台灣民族主義」適宜，且名正言順。

筆者曾請教過謝長廷立委：「爲何反對台灣民族主義的主張？」回答的是：「在未達成共識以前，又何必用台灣民族主義來增加爭執。」

「台灣民族主義」在台灣人的社會意識中，確實尙未達成共識，也未從大中華民族，或大漢族主義中完全獨立，也許也有一部分人認爲「知著好，不免講」。

可是令人難以理解的是，既然「漢、滿、蒙、回、藏」這群文化不同的族群能定名為「中華民族」，為何「台灣民族」無法正名？理由值得考究。

有一點必須強調的是，「民族」的概念本身並不是「人種學」的、「人類學」的或「語言學」的概念，而是「心理學」的概念，是國家主權下國籍不可分的「國民概念」。

台灣人是什麼？什麼是台灣人？台灣人如何形成？如何定義？筆者試想從台灣民族主義、台灣民族意識、台灣民族這三個概念層次去探究「台灣人」的存在。

●台灣民族主義

台灣人的近代民族主義運動，到底是從何時開始？

筆者認為自台灣民主國至一九一五年西來庵事件之間的武裝抗日運動，不宜稱為近代民族主義運動。因為，如反日運動領導者的余清芳尚且還以「大明慈悲國」作為號召，缺乏近代民族主義的思想。

台灣近代民族主義運動，應該是自台灣文化協會時代開始，而在社會主義運動中更出現明確目標。

近代台灣民族主義運動應分為兩個階段，第一階段為反日民族運動，第二階段為反華民族運動。反華運動比反日運動更富民族主義運動色彩與具體內容，而反清運動大都帶有強烈的農民反抗運動色彩。

最具近代民族主義特色的建國運動，可以從法語系族群同荷語系族共建比利時，德、法、義語系各族群共同建立瑞士看出。

共同祖先、共同語言、不同宗教、不同文字的印度同巴基斯坦的分離獨立，共同宗教的巴基斯坦與孟加拉的分離獨立。共同言語文化、不同的利害關係的中美聯邦以及拉丁美洲各國的分離獨立，也是近代民族主義的象徵。

而大日爾曼主義，大拉斯夫主義雖然也是二十世紀世界的一大潮流，有時甚至成爲巨浪，可是並沒有成爲主流，事實上反而成爲逆流。若用中國人在文革時代最流行的用語，可以稱之爲「反潮流」。

筆者認爲在近代民族主義運動中，最不具近代民族主義的特質，而由空想和虛構所編演的是「中華民族」主義。中華民族不但沒有共同的言語、宗教、文化、甚至利害關係互相對立。可以說僅是替中華帝國的幽靈招魂而已，完全缺乏近代民族意識的存在條件。

不但漢、滿、蒙、回、藏各族缺乏共同的宗教、言語條件，連大漢族本身也缺乏共同的語言與利害關係。所以人爲急造的「中華民族」，早已注定瓦解的命運。

南斯拉夫語系各族，在長期的日爾曼人與土耳其人的強大壓力下，爲了對抗強大的外力，到了二次大戰以後，各族雖然合力結成南斯拉夫聯邦，可是到頭來還是由於各族的利害關係，而走向內戰與瓦解之途。

比南斯拉夫語族更複雜分歧的漢語族，在中國的中央集權制度下，地方的利害關係更加對立、混亂，日漸喪失向心力。

隨著台灣民族意識的成長，台灣民族主義運動的高揚，雖然帶給了「中華民族」的威脅與危機，可是對東亞大陸的近代民族國家的形成，卻具有巨大的催生與引導的力量。因爲台灣民族意識的成長，不但是近代資本主義發展過程的歷史產物，也是台灣獨自發展的歷史產物。台灣歷史社會獨自發展的成就，不但能喚醒被中華帝國幽靈所詛咒的中華民族早日覺醒，也能帶動漢語系各族群建立初具規模的現代國家與現代社會。

●台灣民族意識

台灣人意識的形成，可能是在台灣民主國以後。以前的台灣是否已存在著「台灣人」意識，很難確認。有關「台灣人」意識的形成過程，以往筆者同王育德教授與黃昭堂教授，經常爭論。

筆者在本書中已試論過，在日治時代以前的台灣社會結構的特色是「番、漢、官、匪」四大集團互爭與共生的雜居社會，經濟結構也尚未形成單一市場。因此，近代市民意識尚未成熟，在市民社會尚未形成以前，台灣人的意識不可能成立，也可以說尚未產生。

十九世紀末至二十世紀初，不但是當時中華帝國邊境的台灣，連代表中國近代文化人的國學大師章炳麟，文學界的代表人物魯迅還在企畫紀念明朝亡國幾百年的集會。孫文集團也以驅逐韃虜建立中華爲號召。

因此，二十世紀以前，台灣雖已成立「民主國」的國家實體，「台灣人」的意識可能尚未成熟，「民族意識」也可能尚未產生。

台灣人意識的形成，應該是日帝主台以後，在台灣人共同抗日的意識中產生；而產生台灣人意識的歷史背景是台日的文化摩擦與異質性的發現。

台灣人意識的初期雛型，最具代表性的是來自「唐山人」同台灣本土意識的區分，更由「唐山」轉化爲「阿山」而強化，而由區分「芋仔」與「蕃薯」意識的普遍化而落地生根。

在世界各族群中的祖先傳說與族群的象徵，以動物來表徵是常見而普遍的現象。比如錫蘭的外來民族僧伽羅是獅子，而土著是蛇。

中國人喜歡以「龍」的後裔來表徵。可是台灣人卻喜歡以狗、豬、牛來代表族群的意識和性格。狗是日本人，豬是中國人，牛是台灣人，從來沒有聽過有泉牛、彰牛、客牛或蕃仔牛。因此牛的意識形成是形成台灣人共同意識的原點，而由牛狗、牛豬的對立意識中，日漸形成強烈的台灣人意識。

台灣人意識的形成可以說是台灣獨自發展的歷史產物，也可以說是在外來與本土意識的文化摩擦與異質性的發現中產生的。

人的集團歸屬意識是極爲多元的，比如德國人、奧地利人、大多數的瑞士人都是「同文同種」的日爾曼人，也可以更擴大爲荷蘭人、英國人或北歐各國人。日爾曼人是人種的生理的概念，而奧地利人是屬於物理的、法律的、國民的概念。民族意識可以說是生理的、心理的、主觀的、自覺存在的意識。

在目前台灣人自認自己是中國人，或認爲台灣人也是中國人，即使是空想的或沒有法律上「權利與義務」關係的，亦無不可。

可是當本身的利益受到侵害，或利害關係發生衝突時，不管是否一時的權宜之計，有時也會自覺的產生民族的意識，或強調「我是台灣人」。比如蔣經國說「我是台灣人」也是其中一例。

最近到日本的中國大陸留學生犯罪率激增。九一年度的統計，中國人的犯罪率占日本外國人犯罪率的三十七%，而成爲日本的社會問題。因此，台灣來的留學生，有時以「我是中國人」找房子或打工時會受到拒絕，而不得不改稱「我是台灣人，不是中國人」以求自保。不管是否一時權宜之計，台灣人意識的形成，有時也是在一己的利害關係中產生。

台灣人的意識，並不是客觀的存在，而是主觀的意識，是由獨自歷史的長期發展所形成的。

●台灣民族

民族是由同一語言，同一領土，同一經濟生活，共同的長久歷史經驗所組成的。民族單位同時也是歷史的單位，若沒有特殊的歷史，或成爲記憶中歷史事件，民族意識是無法存在的。

按民族主義學者米爾(Ramsay Mile)的主張,結合民族的強力紐帶(affinity)是共同的地域、人種、語言、宗教，長期共同服從同一政府，經濟利害一致，擁有共同傳統等七要素。

近代民族的形成，可以說是近代資本主義發展過程中的歷史產物。不同歷史的發展產生了不同的民族，台灣民族也可以是台灣近代史的歷史產物，是正在形成中的新興民族，而不是已經成熟或已經老化的民族。

匈牙利人與保加利亞人有共同的祖先，羅馬尼亞人與義大利人也共有共同的祖先，挪威人與丹麥人也是共有共同的祖先，可是卻不形成同一的民族國家。英格蘭人、蘇格蘭人、威爾斯人、愛爾蘭人雖不是同一祖先，卻組成英國的國民。

國家是客觀的、物理的存在，可是民族是主觀的、心理的存在；國家是理論的，而民族是生理的。有時可以由數個種族或族群形成一個民族、一個國家；有時也可以由單一的種族，形成數個民族，數個國家。這是近代史的既成事實，也是近代史的一個歷史產物。因爲在封建社會中，還沒有產生近代民族意識，所以說民族是資本主義發展過程中的歷史產物。有如痛感「國破山河在」的詩人杜甫雖有愛國心，卻沒有民族意識。

近代民族意識是到達了高度文化發展階段的集團，到了近代市民社會才日漸形成的精神現象，而民族也是近代世界才產生的社會共同體。漢族歷經漢人、唐人、宋人、明人、到了民國，才由國家的人爲虛構中產生了中華民族。

中華民族同台灣民族的形成，雖然都是二十世紀初的歷史產物，可是在不同的各自歷史發展中，台灣民族的發展實比中華民族更具客觀條件與民族色彩，因爲台灣近百年來的近代市民社會、市民意識、民族意識比中華民族的意識更加成熟。

中華民族雖然內含並突出漢、滿、蒙、回、藏，事實上並沒有共同的語言、文化、利害關係，因此是屬於人爲的、空想的、虛有其表的民族。即使台灣的小學生具有空想的「中華民族」意識，可是中華民族意識早已在五〇年代開始崩潰、消失。大陸中國是多民族國家，反對「大漢族主義」與「地方民族意識」作爲民族政策。

中華民族成爲幻想的民族理由很簡單，因爲回人的祖國在麥加，而藏人的精神依託在拉薩而不在北京或台北。

按社會學者奧本海默（F.Oppenheimer）的主張，不是有了民族的存在，才有民族，而是在民族意識中才有民族。可見民族並不是客觀的存在，而是主觀的、心理的、精神的存在。米契里希（W.Mitscherlich）主張沒有民族主義，就沒有近代民族。

民族可以說是心理自覺的存在，民族自覺是存在於民族的自我主張、自我意識之中；因此，並不是有了民族才有民族意識，而是民族存在於民族意識之中；也不是有了民族意識才有民族主義，而是民族主義之中，存在著民族意識，民族意識之中存在著民族。

爲了使青年學生更易了解民族主義、民族意識與民族的關係，筆者經常以雞蛋爲例，蛋殼、蛋白、蛋黃的互存關係也就是民族主義、民族意識、民族三者的互相依存關係。

在台灣意識與中華意識的長期對立中，國民黨長期的獨裁政權與中共對台灣長期的軍事壓力，對台灣民族意識的形成貢獻是巨大的。比如培育不同文化的英格蘭人、蘇格蘭人、威爾斯人、愛爾蘭人成爲英國國民主義，建立同一國民情感，更發展成爲大英帝國的是諾曼王朝同糾拉王朝長期的專制政治。而幾乎所有少數民族的強烈民族主義運動與民族意識的形成也都來自外來的強大軍事壓力。爲了防衛族群的共同利益，而在共同的危機感中，產生了共同的價值觀，共同的命運觀。因此中共對台灣長期的軍事威脅，雖然是助長國民黨長期獨裁政治的要素，也是形成台灣民族的推動力。

Join本土新悅讀家族

訂購前衛、草根本土書的七個捷徑！

——讀本土書的感覺真好

1 信用卡傳真訂購

填妥前頁所附信用卡訂購單，傳真或郵寄回本社。

2 郵局劃撥訂購

至任一郵局填妥劃撥單辦理劃撥。

劃撥帳號：05625551**前衛出版社**

18418493**草根出版公司**

3 電話訂購由郵局貨到收款

本社訂購專線：**0800-000-129**

物流中心快速訂購專線：**02-2625-6100**

4 電匯訂購

利用銀行電匯單，

填妥戶名：**前衛出版社**

行庫：**第一銀行信義分行（銀行代碼007）**

帳號：**162－10－055980**

取得匯款收據後，填寫購書資料，與收據一併傳真或郵寄至本社。

5 支票訂購

利用即期支票，抬頭開立「草根出版事業有限公司」，註明禁止背書轉讓，填妥訂購單，一併以掛號方式郵寄回本社。

6 網路訂閱

請上**www.avanguard.com.tw**點購

7 親駕本社選購（來者有禮）

地址：台北市中山區農安街153號4F-3（吉林、松江路間）

免付費諮詢服務電話：**0800-000-129**

總本舖電話：**02-25865708**

前衛、草根專用信用卡訂購單

傳真專線 02-2586-3758

（亦可原寸或放大影印，寄10468台北市中山區農安街153號4F-3）（傳真後確認電話：02-2586-5708）

商品訂購資料

我要訂購	書名或書號	定價	折扣	數量	小計
□					
□					
□					
□					
□					
□					
□					
□					
◎消費未滿1000元，請加50元郵資		**訂購總金額**			

訂購人信用卡基本資料

持卡人姓名	讀者編號
身份證字號	生日　年　月　日
聯絡電話	手機
e-mail	
信用卡別 □聯合 □VISA □MASTER □JCB □其他（大來卡及美國運通卡不適用）	
信用卡號	
卡片背面簽名欄數字末三碼	
發卡銀行	授權碼（免填）
有效期限　年　月	消費日期　年　月　日
持卡人簽名 （與信用卡簽名一致）	訂購總金額

收件人	電話
地　址 □□□	
發票抬頭	統一編號

台灣智識總舖◎本土最後基地

前衛出版社・草根出版公司

www.avanguard.com.tw

a4791@ms15.hinet.net

總本舖：10468台北市中山區農安街153號4F-3（吉林、松江路間）

TEL：02-25865708 FAX：02-25863758

劃撥戶名：前衛出版社　帳號：05625551

劃撥戶名：草根出版公司　帳號：18418493

國家圖書館出版品預行編目資料

台灣人的價值觀 / 黃文雄著. -- 初版. --
台北市：前衛, 1993 [民82]
304面；15×21公分. --（台灣文史叢書：88）
民89年初版4刷精裝本
ISBN 978-957-801-256-1（精裝）
1. 民族性 2. 台灣 - 文化

535.72　　82004892

台灣人的價值觀

著　　者　黃文雄
出 版 者　前衛出版社
10468 台北市中山區農安街153號4F之3
Tel: 02-25865708　Fax: 02-25863758
郵撥帳號：05625551
E-mail: a4791@ms15.hinet.net
http://www.avanguard.com.tw
出版總監　林文欽
法律顧問　南國春秋法律事務所 林峰正律師
出版日期　2000年07月新版第 1 刷
2009年09月新版第 3 刷
總 經 銷　紅螞蟻圖書有限公司
台北市內湖舊宗路二段121巷28.32號4樓
Tel: 02-27953656　Fax: 02-27954100

Printed in Taiwan　ISBN 978-957-801-256-1
定　　價　新台幣280元